JN152587

日本会議をめぐる四つの対話

菅野完

K&Kプレス

第二章　日本会議の源流を訪ねて【対談者・村上正邦】

第三章　民族派から見た日本会議【対談者・横山孝平】

第四章　運動としての日本会議【対談者・魚住昭】

はじめに

菅野完

いつの頃からか我々の社会は、「嗤《わら》う」ことを覚えた。

田畑の泥や工作機械の油にまみれて働く人々を嗤い、日々の生活と我が子の安寧を守るため汲々として働く市井《しせい》の人々を嗤い、田園や陋巷《ろうこう》に身を置き都の華やぎに加わろうとしない人々を嗤うようになった。こうした嗤いは、人の世の常なのかもしれない。

だが、我々の住む社会はいささか特殊だ。我々の社会はいつしか嗤いの対象を、社会の全ての方面に向けてしまった。我々は嗤う。徹底的に嗤う。市民生活の向上を希求する声を嗤い、国策や企業活動によって被害にあった人々の原状回復を求める声を嗤い、弱者や被差別者の権利擁護を叫ぶ声を嗤うようになった。もはや我々には我々自身しか、嗤うものが残っていない。

そして今、嗤いながら世を眺めることが染みついてしまった我々は、突如立ちあらわれた「右傾化」なる現象にたじろいでいる。いや、たじろぐのならばまだましだろう。嗤うことに慣れ切った目には、旭日旗を掲げながら「朝鮮人を殺せー」と行進する連中も、沖縄で「この土人が」と叫ぶ機動隊員も、行政の方針に異を唱える人々を「共産党のようだ」と罵《ののし》る知事も、「普通のこと」に映ってしまう。他者の尊厳を踏みにじる者も、尊厳を踏みにじられる者も、嗤うことに慣れ切ってしまった眼には、等しく物笑いの対象になってしまうのだろう。我々のシニシズムはこの極北まで到達した。

しかし、我々の社会がシニシズムの極北に至る一方で、嘲笑と冷笑の重圧に耐え、自己の信念と思想のためだけにたゆまぬ努力をし続けた人々がいた。彼らは、市民運動そのものが嘲笑の対象とされる70年代以降の我が国の気風を物ともせず、己が奉じる思想と信念を着実に議会政治の流れに乗せ続け、デモや陳情や請願などの市民運動の力だけで重要な法案や条例を、国会や地方議会で採択させていった。

こう書けば彼らの歩みそのものは、美談に映るだろう。だがこの人々は特殊だ。彼らの奉じる思想は、あらゆる近代的諸価値を否定し、人類が長い歴史で獲得してきた民主主義的諸原則を否定する類《たぐい》のものであった。我々の嘲笑が満天下に満ち満ちた時、振り返ってみれば、世論の根幹と民主国家運営のために必要不可欠であるはずの市民運動の現場は、この種の人々によって占められるようになっていた。——それが、日本会議だ。

2016年4月末に上梓した拙著『日本会議の研究』(扶桑社新書)の裏にはこうした問題意識があった。あの本の前書きにも書いた通り、私には「右傾化」なるものがどうもアーティフィシャルなものに見えて仕方なかった。路上で繰り広げられるいわゆる「ヘイトデモ」の参加者たちの口吻《こうふん》と、『正論』や『WiLL』などの保守系論壇誌に登場する論説の内容はほぼ同じだ。そして、それらの論説の書き手たちは、例えば、政策会議の委員になったり、有識者会議のメンバーになったりと、政府の政策立案や遂行に深く関与している事例さえある。

こうしたいわゆる「保守論壇人」の来歴や所属を調べると、そのほとんどが、「日本最大の保守系市民団体」と呼ばれる日本会議に所属していることが判明した。つまり、特定の市民団体に所属する人々が、繰り返し論壇誌に登場し、テレビで自説を展開し、世論形成を行い、政策立案・遂行の現場に容喙《ようかい》しているのだ。これは何とも不思議ではないか。

とりわけ2012年の第二次安倍政権誕生は、日本会議の影響力を見せつけるものだった。閣僚の8割近くが「日本会議国会議員懇談会」に所属しており、その後安倍政権が推し進めることとなる特定秘密保護法、新安保法制、そして改憲議論などを正当化する論客として登場するのも、そのほとんどが日本会議に所属している人々だ。

具体的に検証してみよう。2015年夏、安保法制議論が国会を賑わせていた際、菅官房長官が「集団的自衛権を合憲とする憲法学者」として名前をあげた、百地章（日大教授）をはじめとする三人の憲法学者は皆、日本会議に所属する人々だった。2016年夏に日本中を震撼させた天皇陛下によるご譲位のご意志表明を受け、政府は早速有識者会議を編成したが、この有識者会議がヒアリング対象とするメンバーもまた、百地章、大原康男、渡部昇一、櫻井よしこ、と日本会議関係者がその大半を占めている。こうしてみると、やはり何かがおかしいと言わざるを得まい。

例えば、もしあのまま民主党政権が現在も存続していたとして、民主党政権が頼りにする論客や言論人、あるいは民主党政権が組織する政策会議や有識者会議のメンバーに、ある特定の市民団体の構成員ばかりが登用されていたとしたら……と想定してみるといい。ただ事では済まないはずだ。新聞・雑誌はこぞって構成員たちの来歴や所業を洗い、テレビは面白おかしく脚色して伝えるはずだ。きっと一大スキャンダルになっていたに違いない。

だが現実には、それと全く同じ状況にもかかわらず、日本会議について騒ぐ人々はほぼいなかった。大手新聞はおろか、週刊誌の類さえ、日本会議をまともに取り扱う事例は、一、二の例外を除き、ほぼ存在してこなかった。

拙著の刊行はどうやらこうした状況に風穴を開けたらしい。拙著のもととなったWEB連載「草の根保守の蠢動《しゅんどう》」（扶桑社系ニュースサイト『ハーバービジネスオンライン』にて掲載）がその佳境に入ったあたりから、主に雑誌メディアを中心に、日本会議を特集する事例が増えた。また、2016年4月末の拙著刊行後、雨後の筍《たけのこ》のように、いわゆる「日本会議本」が出版されるようになった。ついには、朝日、毎日、日経といった大手新聞まで、日本会議についての特集を組むようになった。

何より印象深かったのは、今夏の参院選での開票速報番組で、民放各局が日本会議を創価学会に次ぐ圧力団体として特集したことだ。そして、拙著の売り上げも、２０１６年10月現在、16万部を超える記録を出している。こうしてみると、世は「日本会議ブーム」と言ってもいい様相ではある。

こうしたブームもあって、拙著刊行後、私は、数え切れぬ取材を受け、多数の講演をお受けもした。その度に私は、私の知っているだけの話を精一杯、お話し申し上げた。約２年にわたる取材と調査の結果を、取材源の秘匿が守れるギリギリの範囲まで包み隠さず公表した。

その内容は、「日本会議とは、昭和49年に誕生した『日本を守る会』と昭和56年に誕生した『日本を守る国民会議』の２団体が、平成９年に合併してできた、日本最大の保守系市民団体である」などという通り一遍の話ではもちろんない。日本会議の役員の来歴、椛島有三を筆頭とする日本会議事務局構成員の思想と来歴、日本会議に参画する各宗教団体の特徴と思惑、日本会議が展開する運動の実態などなど、微に入り細にわたって、精一杯お話し申し上げた。

また、「神社本庁本丸論」とも言うべき、「神社本庁が日本会議の主勢力である」という主張がいかに現実を踏まえぬ愚論であるかも、必要とあらば徹底的に論証し続けた。はたまた、「戦前回帰論」とも言うべき、「日本会議に所属する人々は戦前の大日本帝国のような国に日本を改変したがっているのだ」という主張が滑稽な陰謀論でしかないことも、その場その場で根拠を添えて立証してきた。

こうした私の主張は、『日本会議の研究』の記述内容から大きくずれるものではない。日本会議そのものの組織構成や、日本会議の事務局を担う日本会議の本体とも言うべき日本青年協議会の実態や特殊さなどに関する事実関係と、それに対する私の認識のほとんどは、あの本にある通りだ。

もちろん、この半年の間、世間は動いている。安倍政権は参院選以降、憲法改正に狙いを定めた動きを加速させており、目下、最大の改憲運動団体である日本会議の動きはますます見逃せない。また、先ほども述べたように、天皇陛下のご譲位に関する動きにさえ、日本会議は容喙しようとしている。拙著刊行後に出来《しゅったい》したこうした動きに関しても、求めに応じ、典拠を添えて日本会議の動きに関する解説を述べてきた。

例えば、憲法改正の動きに関しては、「緊急事態条項」の創設や9条改正ばかりが取りざたされているが、日本会議の年来の主張がもっぱら「女性差別」に特化していることを踏まえ、おそらく改憲の主眼は、家庭生活における個人の尊厳と両性の本質的平等を規定する憲法24条の改正になるであろうと、事あるごとに警鐘を鳴らし続けている。天皇陛下のご譲位に、日本会議周辺の人々が難色を示すのは、皇室の伝統を守るためでも、例外を忌避するからでもなく、「女系天皇はおろか女帝さえ認めたくはない」という、彼らの特殊な思惑からくる極めて女性差別的な動きであることも、各方面で解説してきた。

これらの警鐘や解説が、世間の耳目をどれほど集め得たのか、また説得力を持って受け入れられたのか、自分では判断のしようがない。ただ私は、私の知り得る限りの事実を、資料や証言などの典拠を添えて、機会を頂戴する度に誠実にお伝えしてきたつもりだ。その内容の正確さは、類書の及ぶ範囲でないと密かに自負するところでもある。

だがそれでも、私には未だに日本会議が何であるかよくわからない。「ブームの火付け役」「日本会議の危険性を最も早く解説した人物」などと紹介される度に、消え入りたいような気持ちになる。とりわけ、「日本会議とは、一言で言うと、何ですか？」と尋ねられる時など、沈黙のうちにその場を去りたくなる。それほどまでに、私には日本会議の存在がよくわからない。

確かに私には見えている。図書館の奥底から掘り当てた資料から、全国各地に散在する証言者たちの言葉から、果ては内通者からの内部情報から、「日本会議の実像」に近いものは見えている。学生運動華やかりし頃の70年安保の時代にその一歩を踏み出し、今や悲願である改憲に王手をかけた、安東巖・椛島有三を筆頭とする、日本会議の中枢メンバーの姿は確かに見えている。

しかしどこかで、その姿が「像」として明確な線を持って立ちあらわれてこないのだ。とりわけ、彼らの40年以上にわたる運動の歴史を戦後史の中でどう安置すべきなのか、なぜ彼らの唱える床屋政談と同レベルの愚にもつかない主張が世間にこれほどまで受け入れられるのか、なぜ彼ら以外の民族派や右翼が彼らのような珍奇な存在をこれまで看過してきたのか、そしてなぜ、あれほどまでに全盛を誇ったリベラル論壇が彼らごときの存在の前で敗退を余儀なくされているのか……。こうした肝心のところで、私は途端に日本会議の姿が捉えられなくなる。

無論これらの疑問に、雑駁《ざっぱく》な回答を与えるのはたやすい。「リベラルの自壊」だ「長引く不景気のせいで、排外主義的な空気が社会に横溢《おういつ》したからだ」「反知性主義とポピュリズムは21世紀の先進国を襲う共通の課題だ」などなど、何とでも答えようはあるだろう。だがこうした「大きな物語」で日本会議を捉えてみようにも、話が茫洋《ぼうよう》にすぎる。わかったつもりになろうにも、話が大きすぎて捉えどころがない。

やはり、わからないことはわからないとするしかない。そして、わからないなら、人に話を聞いて回るしかない。

かくて、この対話集は生まれた。

まず、白井聡先生にお話をおうかがいした。２０１３年に出版された『永続敗戦論』（太田出版）は瞬く間に評判となり、洛陽の紙価を高からしめた。

あの中で白井先生は、「敗戦の否認」と「対米従属」の相補関係こそが日本の戦後体制の根幹であると規定され、その構造に「永続敗戦レジーム」と名づけられた。この永続敗戦レジームが必然的に生み出したものにもかかわらず、体制を維持するために意図的に隠蔽され続けてきたものの代表例が、領土問題と米軍基地問題であると、白井先生は指摘する。

この問題意識は、私の抱く、「日本会議のわからなさ」にも直結していた。日本会議の中枢を担う日本青年協議会の人々は、長年、領土問題に取り組んできた。冷戦時代は執拗に北方領土問題に取り組み、冷戦後は、どの右翼団体・民族派団体より先駆けて、竹島・尖閣の問題に手をつけてもいる。しかしなぜかしら彼らは、日本の領土問題をデッドロック状態にした原因を作った、領土問題に関するアメリカの戦後処理について何ら語ることはない。さらに、日本青年協議会・日本会議は、沖縄の問題に積極的に取り組んでいる。沖縄の現地で、「反・反基地運動」とも言うべき「米軍基地歓迎運動」のようなことをしている連中も、多くは、彼らの関係者だ。こうしてみると彼らの主張は「対米ケツ舐め路線」と総括しても良いだろう。

その一方で彼らは改憲問題に関しては「戦後憲法はアメリカに押し付けられたものだ」

という「押し付け憲法論」を根幹に据えている。「対米ケツ舐め路線」と「押し付け憲法論」がなぜ同居できるのか不思議で仕方ない。完全に論理が破綻している。

もとより彼ら日本会議・日本青年協議会の主張に知性の片鱗をも期待していない私としては、その論理性の破綻は問題ではない。私の興味は、この頭の悪い論理性の破綻を合理化してしまえる彼らのエートスそのものにあった。そしておそらくこのエートスは、「戦後日本のエートス」に極めて近いものであるはずだ。ならば、「戦後の枠組み」を見事に言語化した白井聡先生こそが、この疑問に答えてくれるはずだ。

次に、村上正邦・元参議院議員を訪れた。

「参院自民のドン」「参院の法王」との異名を持つまでになった村上さんには、もう一つの異名がある。そのものズバリ、「日本会議の生みの親」だ。確かに、村上さんの存在抜きで日本会議は語れない。いやむしろ、ある時期まで、日本会議やその前身団体は、村上正邦という稀代の政治家の存在によって、その隠然たる影響力を行使し得ていたと言ってもいいだろう。

村上さんは、かつて亀井静香氏から「地下2000メートルから這い上がった男」と評されたことがある。その言葉に嘘はない。村上さんは昭和7年、筑豊炭田の出身。父も母も炭鉱で仕事し、村上さんを炭鉱の中で産み、育てた。

村上さんの人生を大きく変えたのは、玉置和郎との出会いだ。青雲の志を抱く若き日の玉置和郎と村上さんの二人組は、紆余曲折の後、不思議な縁で、「生長の家」教団に邂逅《かいこう》し、信仰の道に入る。この「生長の家」こそ、現在我々の前にそびえる日本会議の濫觴《らんしょう》に他ならない。

無論、『日本会議の研究』執筆にあたっても村上さんにインタビューはした。しかしあの時には聞けなかったことがたくさんあった。また、あの時、村上さんから聞いた話に抱いた小さな違和感が私の胸にトゲのように刺さり続けていた。そのトゲを取り除きたい、もう少し村上さんの話を聞きたい、とりわけ、「なぜ、安倍政権と日本会議の人脈はこれほどまでに近いのか」「なぜ、日本会議の中枢メンバーは、長年にわたって強固な結束を維持できるのか」、そして何よりも、「なぜ、村上正邦ともあろう大人物が、はるか若輩の日本会議中枢メンバーにそこまで遠慮するのか」が知りたかった。村上さんは、いささか不躾《ぶしつけ》とも言える私の質問に正面から答えてくれた。

村上さんに「昔の日本会議」の話を聞いたのであれば、「今の日本会議」についての話を誰かに聞かねばなるまい。

もとより、内部通報者は多数いる。内通者たちは親切にも内部資料や非公開書類を提供してくれもする。だがそうした非公開情報は、私のような好事家を喜ばせるだけであり、一般には価値のないものであろう。それよりも、「今の日本会議」を私以外の人がどう見るか、しかも、日本会議をことさらに悪魔化せず、さらには、距離の近いところから眺め得る立場にある人が、「今の日本会議」をどのように見るのかに興味があった。

そこで、かねてより勝手に私淑する民族派の活動家・横山孝平氏を訪ねた。横山氏は民族派団体「國の子評論社」の社主を務めておられる。新宿・アルタ前広場での街宣活動で知られる「國の子評論社」だが、従来の民族派団体と少し毛色が違う。何せ公式HPにはマルコムXの写真が潜んでいるのだ。私が横山氏を私淑するようになったのはまさにこの一点であった。

また、横山氏の言動が私には美しく見えた。その主張に同意しかねるところがあるにしても、街宣の姿、祭文を奉読する姿、神前で柏手を打つ姿に、私は美しいものを感じていた。「なるほど。現代における民族派とはこうあるべきか」と、氏の姿を見て感銘を受けていた。

民族派である以上、活動の現場で日本会議と行きあうことも多い。事実、私は幾度となく、靖国神社などで、横山氏一統と、日本会議がすれ違う様を目撃している。そんな横山氏に「今の日本会議」がどう映るのかを尋ねてみた。横山氏なら民族派として、日本会議をどう語るのか、是非とも聞いてみたかったのだ。

最後にどうしても外せない人がいた。私などのような者からは、仰ぎ見るような存在の大先達・魚住昭さんだ。

私が日本会議に興味を持ったのは、魚住さんが2007年に上梓された『証言　村上正邦』（講談社）があったからに他ならない。あの本で魚住さんが村上さんから聞き出した戦後史の一側面は、極めて興味深い内容だった。そして魚住さん独特の抑制の効いた筆致による「あとがきに代えて」に登場する、「一群の人々」という表現に私は釘づけになった。魚住さんは「一群の人々」という言葉で、現在の日本会議を支える中枢メンバーの存在をあぶり出したのだ。

あの一言に出会ってから私の調査と研究が始まった。図書館の司書に「私より長い時間ここにいますね」と揶揄《やゆ》されるほど図書館に通い詰め、全国各地の古書店を回り、関係者を経巡《へめぐ》って証言を拾い集めたのも、魚住さんが書き記したあの一言がきっかけだった。

拙著『日本会議の研究』出版後、真っ先に懇切丁寧なる書評を寄せてくださったのも魚住さんであった。その内容は、単なる書評の範疇を超え、日本会議に関する調査と研究の先達として、叱責と激励の混じったありがたいものであった。

その魚住さんが、今、日本会議をどう見ておられるのか、そして、魚住さんが長年テーマとしておられる「右傾化」に対して、現在どのような認識を持っておられるのか、改めてお話を聞いてみたかった。

四人の方々からおうかがいした話は、どれも大変得がたい話であった。こうして今、その対話を振り返ってみると、「日本会議とは何か?」という実証的な問いの回答となっているものはほとんどないことに改めて気づく。

これは、私が実証的な答えを求めなかったからに他ならない。そうしたことは、拙著『日本会議の研究』や類書に譲ればよい。それよりも私は、「物を見る目」が確かな人の口から、日本会議の前史を知り尽くした人物の口から、日本会議とは違った立場から日本と格闘する人の口から、そして誰よりも早く日本会議の存在を世に知らしめた人物の口から、それぞれの言葉を引き出したかった。

その試みがどの程度の成功を収めたか、私にはわからない。しかし一つだけ間違いないことがある。それは、これから登場する四人の方々の言葉が、決して「嗤う」ことなどない人々の真摯な言葉であるということだ。

第一章　永続敗戦の中の日本会議

対談者　白井聡

日本会議の強さの源泉は何か

白井　菅野さんはもともと『ハーバービジネスオンライン』で日本会議について連載されていましたよね。私は連載当時から注目して読ませていただいていたんです。私も「日本会議というものが何かすごいらしい」という話は聞いていましたが、日本会議について知りたくても、日本会議の中にまで入ってその実態を論じたものはありませんでした。菅野さんはまさにその先鞭をつけられたということで、大変意義のあるお仕事をされたと思います。

菅野さんの『日本会議の研究』で一番印象深かったのは、日本会議の強さの源泉がどこにあるかという指摘です。それは結局のところ、事務処理能力の高さだということですよね。

菅野　その通りです。

白井　それはすごく納得がいきました。私も左派やリベラルの運動の中で、事務処理の重要性を痛感させられたことがあるんです。

例えば、これは私がある市民団体で講演した時のことですが、講演が終わったあと、主催者が「カンパをお願いします」と言ってカンパ袋を回していました。見慣れた光景です。

ところが、それについて、参加者の一人がブログで批判していたんです。「カンパ袋が回ってきたが、集めたお金をどのように使うのか主催者から一切説明がなかった。非常に不愉快だった」と。

私はハッとさせられ、これは正論だなと思ったんです。カンパを集めるのであれば、本来ならば会計報告をする義務が生じるはずです。ところが、主催者はいつものことだからということなのでしょうが、何の説明もしなかった。それは、彼らが無意識的に運動の内部の人たちしか見ていないことを意味しています。インナーサークルに向けては、集めたお金をどういうふうに使うのか、だいたいわかり切っているので説明する必要もないでしょう。しかし、外から来た人に対しては違う。本来ならば、初めて来たお客さんが一人でもいたら、説明しなきゃならない。説明しなくても問題ないと思っているということは、つまり、外部から新しいお客さんを連れてくる気がないということですよ。

この一件を通して、左派リベラルの運動にほとんど無自覚的な閉鎖性があることに気づかされました。これでは運動が拡大しようがない、と。たぶんこれは、組織的な面の問題につながっていて、3・11以降の社会運動全般に多かれ少なかれ当てはまることだと思うんです。

この間、安倍内閣をストップしなければならないということで、左派やリベラル、あるいは保守系の人たちまで声を上げてきましたよね。もちろんその間に間口は大きく広がった。けれども、今回（２０１６年７月）の参議院選挙でも結局、改憲勢力に３分の２の議席をとらせないことが勝敗ラインになりました。

これほど社会運動が盛り上がっているのに、なぜこういう情けないことになるかと言えば、その理由の一端は、運動の潜在力を十分にオーガナイズできていないことだと思うんですね。

菅野　そうですね。その点、日本会議を取り仕切っている日青協（日本青年協議会）の事務処理能力の高さというのは、ちょっと異次元のレベルです。

日青協が運動をスタートさせたのは、70年安保の頃からです。彼らと同じ頃に運動を始めた市民団体はいっぱいあったのですが、その中でも日青協だけは当初よりビジネス用語で言うところのゴーイングコンサーン（将来にわたって永遠に事業を継続すること）をずっと考えてきたんですよ。これが他の市民団体との特筆すべき違いです。本当にやりたいことを達成するために、まずはゴーイングコンサーンを確保することが大切だというのは、ビジネスでも運動でも一緒です。だから彼らは組織力をつけ、事務処理能力を高めてきたわけです。

日青協は現在もゴーイングコンサーンを念頭に置いて活動を続けています。彼らが今ゴーイングコンサーンを確保するために狙っているのは、世代交代です。日本会議事務総長で日青協会長でもある椛島有三さんは、自分の子供にポストを与え、世襲を進めています。だから、椛島さんが死んでもおそらく日青協は残るでしょう。彼のノウハウが100％受け継がれるかどうかは甚だ疑問ですけど、組織は残るはずです。

白井　その際に「それは世襲じゃないか」と批判しても、彼らはある意味で宗教団体に近いし、別に民主主義を表立って掲げているわけでもないから、何の問題もないということになるわけですね。

菅野　そうなんです。僕も彼らの同業者から、「子供に引き継ぐなんてとんでもない」とか「あいつらは自分たちのことしか考えていない」といった批判を聞いたことはいくらでもあります。だけど、彼らはもともとそういう価値観を持っている団体ですから、いくら批判されても全く堪《こた》えないんです。「何が問題なんだ」ということになるだけなんですよ。

お金のかからない運動

白井　ゴーイングコンサーン、組織の持続性ということについて言いますと、左派リベラル運動の場合は結局のところ労働組合頼りだったと思うんです。共産党系は別として、自治労（全日本自治団体労働組合）、それから日教組（日本教職員組合）などですね。新安保法制反対運動も、自治労の大幹部だった人たちなどが中心となって組織していました。
しかし、それでは左派リベラルの運動が、末端レベルまで組織されてポテンシャルをフル活用できていたかと言うと、難しいところがあります。先ほど言ったように、小さな集会におけるお金の集め方のマナー一つとっても、組織的な脆弱さと言うか、ある一定以上に広がらない性質を露呈してしまっています。そもそも大組織の組織率もだんだん低下してきていますよね。こういう状況が「日本会議的なるもの」の影響力の極大化を許しちゃっているんだろうなと思うんです。

菅野　おっしゃるように、今辛うじて頑張っている労組は日教組と官公労（官公庁にある労働組合のこと）ですね。他の労働組合としては、例えばUAゼンセン（全国繊維化学食品流通サービス一般労働組合同盟）なんてのがありますけど、彼らは完全に権力側ですからね。
ただ、日教組や官公労が生き残れたのはなぜかと言えば、それは彼らが公務員労組だからです。他の労組や市民団体は高齢化と不況のせいで立ちゆかなくなってしまっています。そういう意味では、僕は日本会議が大きくなった、日青協が強くなったというよりも、他の団体が弱くなったということだと思うんです。

実際、「九条の会」のＨＰなどを見ると愕然としますよね。トップページに９人の発起人の写真が並んでいますけど、ほとんど物故者名簿じゃないですか。九条の会の関係者に話を聞いたことがあるんですが、あの９人の写真を変えるつもりはないし、発起人名簿から外すつもりもないと言うんです。

僕は彼らのセンスの悪さを批判しているのではなく、ちょっと権威主義的だと思うんですよ。「井上ひさしが平和を愛したのだから、平和を守りましょう」ということですからね。

白井　「こんなに偉い先生方が９条を守ると言っていたんだ」という感じになってしまっているんですね。

菅野　片や、日本会議は全然権威主義的じゃないんです。特に権威があるわけでもない舞の海に憲法論を語らせたりしていますから。彼らは舞の海を客寄せパンダとして使っているのではなく、純粋に憲法論を語らせているんです。

だから、日本会議には新しい人が入ってきやすい雰囲気があるんです。彼らは「正論を聞く集い」といった集会をやっているんですが、その集会には新しい人がどんどん来ています。定年退職になって余裕ができたという人だけでなく、若い人も来ている。間口が本当に広いんですよ。

白井　なるほど。そういう意味では、左派リベラルの間口は狭いかもしれません。「普通の若者」が大江健三郎さんや故・鶴見俊輔さんの著作に親しんでいるかと言えば、相当難しい。大衆運動として新規参加者を獲得して伸びていくためにどうしたらよいのかという点で後れをとってしまっている。

ただ、左派リベラルの場合は、マンパワーの不足という問題もあると思うんですよね。組織としてかっちり活動するためには、どうしても専従の活動家が必要になります。そのためには当然、お金も必要です。日本会議の場合はその辺の資金はどうしているんですか。

菅野 僕もお金の問題はだいぶ追いかけたんですが、まだしっかりとした裏取りはできていません。ただ、よく考えてみると、日本会議の運動には実はそれほどお金がかからないんです。日青協も多数の専従を抱えていますが、彼らのモチベーションは一種宗教的なものなので、清貧に甘んじられるんですよ。

それから、日本会議は集会などを開く際に、宗教団体に声をかけてお金や人を集めています。そうした宗教団体はそれぞれ相当数の信者を抱えていることもあり、電話を一本かけるだけですぐにお金や人を集められるんです。もしＳＥＡＬＤｓ（シールズ）の学生たちが武道館を借りようと思ったら、すごい手間がかかりますよね。でも、日本会議だったらすぐにできるんですよ。手間がかからず安く済むというのが、日本会議の運動の特色だと思います。

白井　つまり、イデオロギーの共有はお金の節約につながるということですね。

菅野　そうです。

白井　それはある意味で共産党とも似ていますね。

菅野　ただ共産党の場合は、ブラック企業を退治すると言いながら、「共産党こそ専従をこき使っているじゃないか」という批判がありますよね。共産党はそこを突っ込まれると弱いと思うんですが、日青協はブラック企業を退治すると言っているわけではないので、世襲の話と一緒で、「それがどうしました？」という話になるわけです。

そういう意味では、日本会議は理想の市民団体ですし、それを率いる椛島さんはまさに「プロ市民」ですよ。よくネトウヨ（ネット右翼）が左翼活動家たちに対して「あいつらは活動で飯を食っているプロ市民だ」と批判しますけど、僕がプロ市民と聞いて一番最初に思い浮かぶのは椛島さんですね。

椛島さんは大学を中退して以来、22歳の時から現在まで肩書が全く変わっていないんです。ずっと日青協会長なんです。彼はおそらく生まれてこの方、誰とも雇用契約を結んだことがないはずです。本当に活動だけで食っているんですよ。それはたいしたもんだと思います。

日本会議と神社本庁の関係

白井　今、活動資金の話が出ましたが、それとも関連して僕が気になるのは、日本会議と財界の関係です。日本会議の初代会長はワコール創業者の塚本幸一さんですよね。また、ＪＲ東海名誉会長の葛西敬之さんも安倍晋三首相の熱心な支持者として知られています。彼が日本会議の正規メンバーなのかはわからないけれど、関連団体に関与していることは明白だし、政治的主張は日本会議の主張そのものです。日本会議は昔から財界に食い込んでいたということなのでしょうか。

菅野　日本会議や日青協が財界に食い込んでいたというよりも、彼らの信仰の源流である「生長の家」が、財界人に人気があったということだと思います。生長の家には、今もありますが、「生長の家栄える会」という企業家の集まりがあるんです。

生長の家が新興宗教だということで、信者たちが一緒に同じ歌を歌って狂喜乱舞して涙を流すといったイメージを持つ人もいるかもしれませんが、そうではありません。生長の家は「壮大な自己啓発サークル」と考えた方がいいと思います。１９８０年代以前の生長の家は、自己啓発サークルであると同時に、ちょっと愛国運動もする団体だと見られていたんです。

今、存命中の人で、生長の家の創始者である谷口雅春さんに一番似ているのは誰かと言われれば、作家で俳優でもある中谷彰宏さんですね。中谷さんは自己啓発の著書をたくさん出版し、大成功を収めていますよね。谷口さんの代表的著書であり、生長の家の根本経典である『生命の実相』も、これを読めば幸せになる、人生が楽になる、仕事がうまくいくという自己啓発本として受け止められていたんです。

そういう「自己啓発的なノリ」で企業経営をしていた最も有名な事例は、ヤオハンの社長だった和田一夫さんです。それと稲盛和夫さんもそうですね。稲盛さんは生長の家の信者ではないそうですが、生長の家栄える会に顔を出していました。

それから、生長の家は女性に人気が高かったので、美容業界に強かったという側面もあります。ハリウッドビューティ専門学校のメイ牛山さんとか、山野美容専門学校の山野愛子さんなどがそうです。実は中曽根康弘さんの奥さんも生長の家の有力な信者だったんですよ。

白井　そういう点でもワコールと微妙につながっているように感じられますね。高須クリニックの院長がネトウヨ化していることとも関係がありそうに見えてきます。

塚本・稲盛という名前が出てくると、気になってくるのが日本会議と京都との関係です。そしてもちろん、京都には有名な神社がたくさんある。これまでの日本会議の運動では、京都の神社が前面に出てくる様子はありませんでした。ただ、今年（２０１６年）の正月に、京都の上賀茂神社——私の家のすぐそばなのですが——に櫻井よしこのポスターが貼ってあって、憲法改正の署名をやっていたそうなんですよ。京都の神社と日本会議は深いつながりがあるのでしょうか。

菅野　僕は日本会議と京都の神社仏閣のつながりは、それほど強力ではないと見ています。確かに今年の正月に「神社が日本会議の改憲署名を集めている」と各地で話題になりましたが、それは神社が一般人の目から見て「目立つ」宗教施設だからだと思います。神社は一般の人たちが日常の延長で訪れる数少ない宗教組織ですよね。神社に行く機会が多い分、神社で改憲運動が行われていると目立っちゃうということだと思うんです。

それは他の宗教施設と比較すればよくわかります。例えば佛所護念会の品川の施設に行くと、外は静謐《せいひつ》として綺麗だけど、一歩中に入ると、ものすごく右翼的な雰囲気です。あるいは、霊友会の支部の中には、日本会議の本部と見間違えるほど改憲運動をやっているところもあります。

だけど、普通の人はそういうことは知らないし、新聞記者も用事がない限りそうしたところには行きません。比較対象に接する機会がないから、神社で改憲運動が行われていると、何か特別なことをやっているように見えるのだと思います。

日本会議と宗教の関係について考えるならば、既存の神社よりもむしろ新興宗教とのつながりを見るべきだと思います。神社が日本会議の運動に協力している場合も、新興宗教とのお付き合いでやっているというパターンが往々にしてあります。これは日本の宗教の特殊なところなんですが、新興宗教の信者たちは既存の神社や仏閣をとても大切にするんです。「南無妙法蓮華経」と言っていようが、「ジーザス・クライスト」と言っていようが、既存の宗教施設をものすごく大事にする側面があるのです。

だから、新興宗教の信者たちは自分たちの教団の近くに神社や仏閣があれば、行きがけに参拝してくれるんです。彼らとの関係があるから改憲運動をやっているという神社は多いですよ。

白井　既存の宗教と新興宗教が共存共栄してきたということですね。その時に改憲運動が役に立つと。

菅野　そうです。これに関連してもう一つ言うと、神社本庁が日本会議を操っているという議論もありますが、これは間違いです。この議論は公明党と創価学会の関係を日本会議と神社本庁の関係に当てはめたものだと思いますが、それには無理があります。

神社本庁は巨大団体というイメージがありますけど、日本全国に8万社あると言われる神社の全てが神社本庁に属しているわけではありません。また、神社本庁に入っている神社だけ考えてみても、神主さんが共産党の党員であったり、民進党の熱心な支持者であったり、あるいはどこかの労組と兼業しているという神社を合計すれば、日本会議に協力している神社よりもはるかに多いと思います。

白井　それは驚きました。左派やリベラルの神主もかなり多いんですね。

菅野　いっぱいいます。往々にしてそういうものなんですよ。例えば、これは傍証にすぎないのですが、國學院大學は神主養成学校ですよね。

白井　同時にあそこは革マル派が未だに強いですよね。

菅野　そうなんです、國學院はいわば革マルの拠点校なんですよ（笑）。だから、神主だからといって必ずしも保守的とは限らないんですよ。

京都に広がる隠微な世界

白井　私は京都に住んでいるので京都のことに関心があります。ワコールの塚本さんは正確には滋賀出身なので近江商人ですが、塚本さんや稲盛さんなどはいわば「京都財界」という独自の世界を形成してきましたよね。

菅野　そうですね。

白井　京都は独特な世界で、神道勢力の人たちもたくさんいるし、仏教勢力も巨大です。他方、華道だとか茶道だとか、家元みたいな世界もあります。それから、和服をはじめとする伝統産業の世界もある。

また、井上章一さんの『京都ぎらい』（朝日新聞出版）という本がベストセラーになりましたけど、京都ほど閉鎖的な町はないと言われるほど閉鎖的な一面がある。例えば、京都のお祭りで、山車《だし》の上に乗るお稚児《ちご》さんがいますよね。そのお稚児さんをどうやって決めるかと言うと、京都市民全体から公募するわけではありません。どこかの家元の子供とか、名家の子弟とか、京都の有力者の子供がお稚児さんになることが最初から決まっているんです。

京都にはそうした権力の隠微な世界、「奥の院」のような世界があります。それは神社・仏教・新興宗教・経済界にまたがるアソシエーションのようなものにも見えるのですが、その実態がどうなっているのか、京都の誰に聞いても「わからない」と言うんです。

ただ、こうした世界は日本の伝統的な世界だから右翼的なものとつながりがあるかと思いきや、必ずしもそうではないんですよね。それこそ稲盛さんは民主党政権誕生に尽力していたし、明らかに民主党にシンパシーを持っていました。ですから、京都の「奥の院」が最近の日本の右傾化、日本会議的なるものとつながっているのかどうか、なかなか見えてないんですね。

菅野　確かに稲盛さんもそうですし、京都の花柳界の人たちの中にも案外リベラルな人が多いですよね。それから、先ほど上賀茂神社の話が出ましたけど、下鴨神社はまた上賀茂神社とは性格が異なるんです。下鴨神社は境内にマンションを建てるなど、「えっ」と思わせることをしていますからね。

さらに言えば、京都の神社には新興宗教と相容れないところもあるんです。日本会議の運動に一番熱心な靖国神社と明治神宮は明治以降にできた神社なので、いわば新興宗教です。神社本庁の前身ができたのも明治以降です。

白井　京都の神社の多くはもっと古いですからね。

菅野　そういうことです。ただ白井さんが指摘されているように、京都の「奥の院」が最近の日本の右傾化と全く関係ないとも言い切れないと思います。

例えば、衆議院議長を務めた伊吹文明さんがいますよね。伊吹さんは大蔵官僚から国会議員に転身したわけですが、彼の御生家は古くから続く京都の繊維問屋ですね。伊吹さんの依って立つところは京都の「奥の院」の世界だと思います。

だけど、伊吹さんは稲盛さんのようにリベラルではないですよね。彼は時々、驚くほど安倍政権に同調する時がありますから。それは伊吹さんが冷静な判断を失っているからなのか、彼の持つ京都的なものがそうさせているのか、判断しかねるところです。ただ、日本会議に限って言うならば、やはり既存の神社とのつながりはそれほどないと見た方がいいと思います。

自己啓発的なノリ

菅野　それでは一体誰が日本会議を支えているのかという話になるわけですが、それは宗教というよりも、先ほど話に出た「自己啓発的なノリ」だと思います。「少しでも幸せになりたい」「日々の生活をちょっとでも楽にしたい」という自己啓発的なノリこそ、現在の日本の得体の知れない右傾化の源泉なんじゃないかなと思うんです。

例えば、安倍首相は伊勢志摩サミットの際に各国の首脳を連れて伊勢神宮に行きましたでしょう。それについて「国家神道の復活だ」と批判している人たちがいます。僕自身はあれは外交儀礼的に通常の対応だと思っていますが、あの問題を批判している人たちが見落としているのが「自己啓発的なノリ」です。

もし東京から伊勢神宮に行こうと思えば、東海道新幹線を利用しますよね。その車内のポスターには、「伊勢神宮で神様と心の洗濯」なんて書かれているわけですよ。

白井　葛西名誉会長ですからね。

菅野　安倍首相の伊勢神宮参拝を批判する人たちも、足元で自己啓発的なもの、スピリチュアルなものが蔓延していることには平気になっちゃっているんです。

白井　自己啓発的なノリが求められるのは、人々の間に「自己剥奪感」が広がっているからだと思います。これに関して言いますと、黒子のバスケ事件（漫画『黒子のバスケ』の作者の関係先に、不審物や脅迫状などが送りつけられた事件）の犯人の最終意見陳述が話題になりましたよね。あれは僕にとって非常に印象的だったんです。

彼はあの中で、なぜ自分があんな事件を起こしてしまったのかということを自己分析しているのですが、要するに親からのネグレクトですね。私は彼の陳述を読んでネグレクトには色々な種類があるということに気づかされたんですが、彼は別に物質的に飯を与えられなかったということではなく、心理的ネグレクトを受けていたと言います。とにかくお前はああしなきゃいけない、こうしなきゃいけないと両親からガミガミ言われ、それができないとひどく叱られる。たとえできたとしても全然ほめてくれない。彼は名門の県立高校に進むんですが、良い高校に入らなければ何をされるかわからないという恐怖心からひたすら勉強したというんですね。

彼はそのことについて、これは「努力」ではないと言っています。その比喩が卓抜なんだけども、人は夜道で強盗に襲われれば全力疾走で逃げるけれど、その全力疾走を「努力」とは誰も呼ばないでしょう、と。自分のやってきた「努力」とはそういうものだった、と。そのような努力はいつまでも続けられるものではないから、彼はどこかでぷつんと切れて、ドロップアウトしてしまったんですね。それで人間関係もうまくいかず、職を転々とし、世の中を恨むようになった。その結果、逆恨みに基づいて事件を起こした、と自己分析しています。自分がなぜこうなってしまったのかということを、あそこまで理路整然と語ることができる人は非常に珍しいと思います。

それから、彼は自分のような精神形成をした人たちこそが、ネトウヨや安倍自民党の熱烈な支持者になっているのだ、とも言っています。それはたぶん正しいと思います。ネトウヨや在特会（在日特権を許さない市民の会）が一体どのような社会階層出身なのかということについては、安田浩一さんが『ネットと愛国』（講談社）を出版して以来、多くの見解が出されています。安田さんの本に基づけば、引きこもりなどわかりやすい形で疎外された人たちが荒唐無稽な陰謀論やイデオロギーを信じ、ついにはヘイトスピーチまでするようになったということになります。

ただ、他方で、ネット上の書き込みなどを見ていると、ちゃんとした学歴もあって、一流と言われるような企業に勤めていたり、海外駐在経験があるような、どちらかと言えば上層の人たちまで右傾化しているんですよね。

菅野　そうですね。

白井　あるいは少し前の話で言えば、大阪市解体問題で橋下徹さんを支持したのも、中層以上の人たちでした。だから、ちゃんと働いていてそれなりにお金を持っているような人たちも自己剥奪感に苦しみ、ネトウヨ化しているということに目を向けるべきだと思うんです。

自己剥奪感とは要するにネグレクトされているという感情ですから、そういう意味では、今の日本社会には黒子のバスケ事件の犯人と似たような生き方をしている人が、収入にかかわらずたくさんいるということです。彼の場合は刑法で裁かれるような罪まで犯してしまったわけですが、そこまでいかなくとも、同じような感覚が薄く広く共有されているのだと思います。こうした中で、日本会議はまさに「水を得た魚」のようになっています。

ロスジェネ論壇とは何だったのか

白井　この自己剥奪感の問題は以前から議論されていて、例えば90年代から2000年代にかけて注目されたロスジェネ（ロストジェネレーション）・ブームもこの問題に着目していた。ロスジェネとは、バブル崩壊後の「失われた10年」に社会に出た若者たちのことで、彼らの中にフリーターやニートなどが多いということで話題となりました。

この問題について議論する人たちは、ロスジェネの経済的苦境と社会的剥奪感を「自分探し」のようなものと結びつける分析をしました。しかし、ロスジェネ論壇が力を持ったかと言うと、これが『蟹工船』ブームなどと共に流行したのは一瞬だけで、爆発的な広がりは持てませんでした。ロスジェネ論壇が不発になったため、その隙間を日本会議的なるものが埋めているような気がします。

菅野　その見方は面白いですね。

白井　第二次安倍政権はこうした自己剥奪感の問題を解決するのではなく、むしろそれを利用しようとしています。私が安倍政権を批判するのは、個々の政策以上に、彼らがそうしたネガティブな感情に依拠して政治を行っているからなんです。

景気が悪くなって世の中が厳しくなれば、嫉妬やら羨望やらといった悪い感情が沸き起こってくるのは当然のことです。もっとも、景気が悪いこと自体は安倍さんだけのせいではなく、世界資本主義の構造からして避けられないことですが。

ただ、そのような時には、政治は何とかしてネガティブな感情を緩和させることを考えるべきですよね。ところが、安倍政権はその悪い感情に依拠し、それを増幅させるようなことを行っています。
マスコミやジャーナリズムの中にも、このような流れを後押ししているものがあります。実際、第二次安倍政権がアベノミクスなるものを始めた時、本屋の書棚に顕著な変化が起こりました。それは何かと言うと、経済時事コーナーが自己啓発コーナーと見分けがつかなくなったんです。「日本経済爆上がり！」とか「アベノミクスで日本経済、超復活！」みたいに、日本経済が驚異的な持ち直しを見せているといった本がズラリと並ぶようになったんです。それこそ一億総活躍ではなく、一億総自己啓発みたいになってしまっているんですよ。

菅野　そうなんですよね。それから神社のパワースポット特集なども増えましたよね。あの美輪明宏がスピリチュアリズムのような消費のされ方をしているのを見ても、自己啓発ムーブメントには恐ろしいものを感じます。現在の自己啓発ムーブメントはたまたま右翼的な方向に行っていますけど、これはちょっと違ったら左翼的な方向に行っていたかもしれない。
いずれにせよ、根っこにあるのがスピリチュアリズムである以上、言論では対抗しようがありません。このままだと対話不能な世の中になってしまいます。

白井　そうですね。それからヘイト本が洪水のごとく出版されたのだって、自己剥奪感に苦しんでネトウヨ化した人たちに売りつけるためですよね。

菅野　あれは完全にビジネスですね。以前ネトウヨ本をたくさん企画してきた編集者から聞いたことがあるんですが、彼がどうやってネトウヨライターを発掘しているかと言うと、ネットの世界には5万人ほどの登録者を持つメーリングリストを運営しているネトウヨがいっぱいいるんだそうです。

白井　なるほど。

菅野　そういう人間をネットから見つけてきて、これまでのメーリングリストの原稿をまとめればすぐに本になるんです。告知もメーリングリストで行えばいいわけですから、その編集者は「こんなに安上がりなビジネスはない」と言い切っていましたよ。

白井　メーリングリスト登録者の1割が買ってくれればそれだけで5千部ですからね。それはすごい話ですね。

安倍政権の反知性主義

菅野　白井さんが指摘されている自己剥奪感の問題は、実は日本会議と極めて近い関係にある「日本政策研究センター」の伊藤哲夫さんも明確に文字化しているんです。彼はそこで、自分たちはマイノリティだという世界認識を示しています。つまり、政府や言論界、学問の世界はリベラルな勢力に牛耳られているため、まともな思想を持っているはずの自分たち、世間を代表しているはずの自分たちは虐げられている、と。これは自己剥奪感と同じことですよね。

ただ、僕はこの伊藤さんの認識は正しいんじゃないかと思っているんです。戦後の日本の体制は、日本国憲法に基づく基本的人権や国際協調主義を基点としてきました。戦後民主主義の世の中は、漸進的であれ進歩していくという考え方などを中心に据えており、何だかんだ言ってもリベラルなものです。

だけど、日本社会がそうした戦後体制を受け入れたかと言えば、必ずしもそうではない。世間の中には相変わらず「古層」のようなものがあって、収入の多寡や教育程度の高低とは関係なく、その古層に属している人たちはたくさんいます。彼らは戦後のリベラル体制からずっと放置されてきたんです。

安倍政権は自覚的にその古層の人々に立脚点を置いていると思います。安倍政権は戦後のリベラル体制から落伍してしまった人たちの政権であり、彼らにとって戦後体制は打倒すべきアンシャンレジーム（旧体制）です。だから彼らは「戦後レジームからの脱却」と言っているわけですよね。

これは冷静に見れば革命行為ですよ。伊藤哲夫さんも既存の体制を打ち砕かなければならない、自分はそれを「保守革命」と呼ぶと言い切っています。

安倍政権が革命政権だというのは、別の側面からも確認できます。例えば官僚人事です。彼らは外務省事務次官に早稲田大学出身者を据えていますし、財務省事務次官には主計局ではなく主税局出身者を据えています。官邸官僚も私大出身者ばかりです。これは明らかに既存の秩序に挑戦するものですよね。

革命を遂行するためには担い手が必要です。日本会議はその担い手として最適な団体だったのだと思います。日本会議は戦後のリベラル体制からずっと放置されてきた人たちの感情を、上手くレペゼン（代表）していますからね。

白井　近代的な価値観が優勢になっていく社会に対する違和感が、漠然たる自己剥奪感をもたらし、それが自己啓発的なものへの依存へとつながっていくわけですね。それは反知性主義の特徴の一つでもあります。

森本あんりさんの『反知性主義』（新潮社）という本が話題になりましたが、森本さんはその中で、リチャード・ホーフスタッターが先鞭をつけたアメリカの反知性主義研究をさらに深掘りして議論しています。森本さんが強調しているのは、アメリカのキリスト教の特殊性、すなわちそれが自己啓発的なものと親和性がすごく強いということです。アメリカでは何事も自己啓発的なものとして消費されなければ受け入れられないので、キリスト教も「神様を信じると儲かりますよ」という話で、ものすごく現世利益的になる。この土壌の上で、ブッシュ・ジュニア政権を支えた宗教右派の影響力が20世紀末に肥大化していったという構図になるようです。

菅野 そうですね。それは生長の家栄える会とも似ていますよね。

それから反知性主義には反リベラルという特徴もあります。日本では反知性主義という言葉が誤解されている場合が多いのですが、これは何も頭が悪いという意味ではありません。反知性主義者たちは何か価値観を選択する際に、たとえそれが科学的に正しいとわかっていても、あえてそちらを選ばないんです。その代表的なものが、アメリカの場合はＩＤ論（インテリジェント・デザイン。何か偉大な存在が世界を創造したとする考え）やアンチ・アボーション（妊娠中絶禁止）ですね。

実を言うと、日本会議もＩＤ論やアンチ・アボーションを掲げているんです。彼らはアメリカの反知性主義者たちにそっくりなんですよ。実際、日本会議の源流を作った元参議院議員の村上正邦さんの口述自伝『証言　村上正邦』を読むと、村上さんはアメリカの福音派に呼ばれてアンチ・アボーションの集会で演説しているんです。あれは村上さんのキャリアの絶頂だったと思います。

白井　つまり、記紀神話に基づいて世界の創造を考えるといったことをやろうとしているんですか。

菅野　そうです。彼らは本気でそれをやろうとしているんです。これは世界的な潮流ということではなく、おそらく日本会議の中枢メンバーが真剣にアメリカの反知性主義を学習しているのだと思います。

白井　リベラルなものに対する嫌悪という点では、右翼同士は国を越えて話が合うという面がありますね。例えば、ロシアの極右勢力と、フランスのフロントナショナルの人たちはすごく仲が良いですよね。フランスの右翼が「我が国ではどうも権利主張が強すぎてけしからん。ロシアは素晴らしい」などと言うと、ロシアの右翼が「そうだろう、そうだろう」と応じるといった感じですからね。

菅野　そういう点では右翼の方がコスモポリタンですね（笑）。

日本のおっさん会議

白井　もう少し反知性主義の話を続けますと、私も反知性主義に関して論文を書いたことがあるんです。それは『日本の反知性主義』（晶文社）というアンソロジーに収録されています。私はそこで、日本における反知性主義の特徴について考えたのですが、それはやっぱり天皇制だと思うんです。つまり、家族国家という国家観であり、それが日本の反知性主義の基盤になっているように思える。

この国家観のどこが間違っているかと言えば、一つには、家族というものは自然と相和すものだとしているところです。二つ目に、その家族を同心円的に拡大すれば国家になると見なしていることです。日本の反知性主義の根底には、こうした二重に間違った世界観があるのではないかと思うんです。

この世界観について問題が生じるのは、実際に紛争や対立が起きた時です。いつも人々が相和していればいいですが、そううまくはいきません。だけど、この世界観に基づくと、現実に対立が起きたとしても、家族や社会は本来的に相和するものだということで、その対立を暴力的に否認することになるんです。実際には対立が起きているのに、そんなことは起こっていない、あってはならないという形で抑圧してしまうんですよ。戦前の治安維持法が国体の変革を企てる結社に加わった人間を死刑としつつ、転向者に対しては温情主義的だったのも、国内で根本的な対立が起こることなどあってはならない、あるわけがないという、この世界観が背景にあったからだと思うんです。

この世界観は、「権利」という概念に真っ向から対立します。なぜなら、権利というのは、社会の中になかなか調停しがたい対立があることを前提とした時に必要になる考え方だからです。権利の概念によって、対立をできるだけ公正に調整しようというわけです。しかし、対立の存在を否認してしまえば、権利などという概念は必要なくなる。

このことは日本の排外主義運動の特徴にも関係していると思われます。ヨーロッパなどの排外主義運動と比べて顕著であるのは、「彼らが我々の雇用を奪っている」というようなそれなりに実体のある動機がないことです。

彼らが特に誰に対して憎悪をむき出しにしているかと言えば、在日コリアンですよね。なぜそうなってしまうのかについては複合的な理由があるのでしょうけれど、一つは在日コリアンたちが「権利を主張する人々」にならざるを得なかったからではないでしょうか。そもそも前提として外国籍を持って日本に住む人たちは、納税しているにもかかわらず参政権に代表される市民権レベルでは無権利です。わけても在日コリアンの人たちは、かつて日本人であることを強いられた経緯があるにもかかわらず、様々な権利に与れない状態に追いやられてきた。だから彼らは権利獲得運動をずっとしてきたわけですよね。

ところが、日本人一般は権利の何たるかを理解していない。ゆえに、権利を主張する人間は、和を乱していると思われる。対立などあってはならない社会の中で、不当にも対立を起こそうとしているように見える。だから在日コリアンはおかしいということで憎悪の対象になる。

しかし、それは結局、日本人は近代的社会を作ってきたように見えて、実は利権は理解できても、権利というものを未だに理解できていないということです。

菅野　おっしゃる通りです。日本会議の会員の中にも、自分で組織を持ち、「行動する保守」として保守運動をやっている人たちはいっぱいいます。彼らは日本会議の中で運動する時には、一応差別はいけないという常識はあるので、「アンチ・朝鮮人」「アンチ・韓国人」といったことは言いません。しかし、一歩外に出れば平気でそういうことをやっています。北海道の日本会議なんかはまさにそうです。

それではこうした人たちが日本会議の中で運動する時に何を訴えているかと言うと、「アンチ・男女共同参画運動」「アンチ・子供の権利運動」なんです。彼らが一番熱心に取り組んでいるのは、フェミニズム運動への批判なんですよ。

白井　対象が民族的マイノリティであれ女性であれ子供であれ、およそ権利という言葉にほとんどアレルギーに近い反応を示すということですね。

菅野　そういうことです。この問題について詳しく論じているのが、山口智美さんと斉藤正美さんと荻上チキさんの共著である『社会運動の戸惑い』（勁草書房）です。僕の連載の中でも何度も引用しましたが、日本会議の特徴はあの本でも描かれているように、「アンチ・言挙げする人間」なんです。

その意味では、「日本会議」ってよくつけた名前だと思うんです。「権利を主張するな」というのは、まさに日本の在り方そのものですよね。日本のおっさんのメンタリティってそういうことじゃないですか。

白井　権利とかうるさいんだよと。

菅野　理屈を言う奴が嫌い、筋道立ったことを言う奴が嫌いっていうのが、日本のおっさんですから。だから、日本会議というのは要するに「日本のおっさん会議」なんですよ。

白井　同感です。日本のおっさんの悪いところを煎じ詰めたような集まりになっている。

安倍政権は憲法改正のために有事を起こす

菅野　こうした日本会議のメンタリティは、彼らの憲法改正運動にもあらわれています。彼らは現行憲法について、まず24条を改正したがっているんです。

24条1項は「婚姻は、両性の合意のみに基いて成立し、夫婦が同等の権利を有することを基本として、相互の協力により、維持されなければならない」というものです。彼らはこの「両性の合意のみに基く」という言葉を目の敵にしています。とにかく女性の権利を抑圧し、その代わりに「家族」という価値観を押し広げようとしているんです。

こんなことを言うと左派の人たちから怒られるかもしれませんが、24条から「両性の合意のみに基く」という文言を取り除くことは、9条を変えて戦争をできるようにすることよりも、文明的にははるかに問題だと思います。女性の権利を否定するということは、近代をまるっと否定するということですからね。日本国憲法を根底から覆すためには、9条を変えるのではなく、24条を変えるのが一番効率的なんですよ。

白井 ただ憲法改正については、安倍さんと日本会議の優先順位はずれていますよね。

菅野 ずれています。

白井 やはり、安倍さんにとっての改憲の焦点は9条でしょうね。私は安倍政権の改憲プロセスは4ステップだと見ているんです。

ファーストステップは、すでに通過してしまいましたが、閣議決定による集団的自衛権の行使容認です。これにより自衛隊の定義は根本的に変わりました。これまで自衛隊は9条と矛盾しないように自衛のための最小限の戦力という位置づけがなされていたわけだけれども、同盟国と一緒に先制攻撃もできますという話になった。

新安保法制ではそこまで踏み込んだことはできませんと言っていますが、お得意の拡大解釈をすればいいという話だと思うんですね。現に、石破茂さんなんかは、「最初は小さなことしかできないけれど、必要に応じて徐々に広げていけばいいんだ」という趣旨のことを明言しています。つまり、ゆくゆくは日米安保体制をフルスペックの攻守同盟にするということです。

セカンドステップは参議院選挙で改憲勢力の議席を3分の2以上確保すること。そしてゴールは自民党改憲草案の通りに憲法を全面的に書き換えることですけれども、これはやっぱりハードルが高いですよね。いきなり提起しても国民投票を通過できるかわからない。

そこで、サードステップとして何をするかと言うと、憲法に国家緊急事態条項を付け加える。公明党はそれを飲む代わりに、環境権やプライバシー権などいわゆる「新しい権利」を盛り込ませる。創価学会の信者さんたちにはその政治的手柄を喧伝することで、だから「平和の党」という原則は全然崩れていません、政権に与党として加わっているからこそできたことがあります、と説明するわけです。

しかし、国家緊急事態条項を加えたあと、どうやって全面改憲まで持っていくのかということが問題になります。私が一番怖いと思っているのは、彼らが本当に有事を起こすのではないかということです。実際に有事を発生させて交戦状態を出現させれば、9条を変えると言っても、それは単に現状を追認するにすぎないということになります。

しかもその時に国家緊急事態を宣言すれば、緊急事態だから言論の自由や集会・結社の自由を一時停止できる。そうすれば、「日本政府が自ら有事を招いたのではないか」といった批判を封じることができるわけですね。

菅野　僕もそう思います。生長の家学生運動が70年代の終わりに打ち立てたテーゼは、改憲ではなく反憲、つまり憲法を破壊することです。その意味では、先ほど述べたように、憲法24条を変えるのが最も効率的な反憲と言えます。

ただ、これはロジックの世界の話であって、政治の世界では反憲のためには物理的な外形圧力が絶対に必要になります。彼らはその外形圧力として、おそらく台湾海峡において中国との間で有事を起こすと思います。

白井　なぜ台湾海峡なんですか。

菅野　それが日青協の昔からのプランだからです。彼らはずっと台湾海峡、台湾海峡と言い続けているんですよ。

これはあくまでも傍証にすぎませんが、2010年に尖閣諸島付近で海上保安庁の船と中国の不審船が衝突した事件がありましたよね。その時の映像が海上保安官の一色正春さんの手によって流出しました。

実は一色さんは日本青年協議会の40周年記念パーティーに出席しているんですよ。彼がもともと日青協のメンバーだったかどうかについては事実確認がとれていませんが、そうであろうとなかろうと、日青協はあのタイミングでたまたま40周年が来たから、必死になって彼を引っ張り出そうとしたのは間違いないと思います。

対米従属について語らない理由

白井　これは私の問題系に引きつけた質問なのですが、アメリカの主導のもと戦争をできる体制にするということはまさに対米従属ですよね。日本会議は対米従属については何も考えていないんでしょうか。

菅野　彼らは対米従属について全く考えていません。見事なほどに考えていません。

白井　日本会議が現行憲法を批判するのは、対米従属についてきちんと考えずに、感情ベースでのみ捉えているからじゃないかと思います。彼らがなぜ憲法のような抽象物をあれほど憎めるのだろうかと考えた時、あれは反米感情の代償行為だと思うんです。つまり、戦後憲法がけしからんと言うのなら、本来であれば憲法を作ったアメリカを批判すべきですが、それができないものだから、アメリカを憎む代わりにアメリカの置き土産を憎んでいるんですよ。

安倍さんの姿勢は明らかにそういうものだと思うんだけども、彼自身は全くそのことに気づいていませんよね。なぜこれほど明瞭なことに気づくことができないのか、実に不思議です。異様な対米従属が、これまた異様な戦後憲法憎悪によってカウンターバランスをとられるということに、事実上なってしまっています。

これは、日本会議がリベラルなものに対してほとんど生理的なまでに嫌悪感を持っていることについても言えると思います。なぜ日本が一応自由民主主義を公的価値とする社会になったかと言えば、要はＧＨＱがそのように改革をしたからです。だから、リベラルな権利要求を批判するなら、そのような社会作りを強制したアメリカに従属していていいはずがない。だけど、彼らには対米従属という問題系は全然ありませんよね。

もちろん、彼らが全くアメリカを批判しないということではありません。例えば、２０１３年に安倍さんが靖国神社に参拝した時、アメリカ政府が「失望」を表明しましたよね。それに対して、自民党の衛藤晟一さんが「失望したのは我々の方だ」という名言を吐いていましたよね。

菅野　衛藤さんは生長の家出身で、日本会議国会議員懇談会にも所属していますね。

白井　しかし、衛藤さんの振る舞いは決して反米ということではありません。あそこに端無くもあらわれているのは、彼らにとって日米関係は親子関係だということです。衛藤さんの反発は、「親が子供のちょっとしたやんちゃを大目に見るのは当たり前じゃないか」という話ですよ。

菅野　おっしゃる通りです。世の中の識者はあれを反米メッセージとして取り上げていましたが、あれはお父ちゃんにちょっと怒られたから、「何で怒るんだよう」と駄々をこねてみたということですよね。本来であれば、なぜホワイトハウスが「失望」というメッセージを出したのか、それを分析し、冷静に行動しなければなりません。衛藤さんがそうしたこともせずに感情的な反応を示してしまったのは、アメリカとへその緒でつながっているからです。

白井　そう、だから胎児なんですよ。

菅野　自分たちがアメリカの内部の人間だと思っているから、ああいう反応になるんです。もし中国が同じ立場に立たされたら、もっと理知的な反応をしたと思います。

白井　マッカーサーの有名な言葉で、日本人の精神年齢は12歳だというのがあるけども、それでは今の日本人は何歳なのかと言えば、とても成熟しているとは思えません。

菅野　むしろ退行しています。

白井　そうです。アメリカと母子一体になっているわけですからね。

菅野　それから衛藤さんたちがたまに反米的な姿勢を見せるのは、幼児性のあらわれと同時に、自分たちはファイティングポーズを維持しなければならない運動体だという意識があるからだと思います。それは、日青協の機関誌である『祖国と青年』を見るとよくわかるんです。

僕は『祖国と青年』のバックナンバーをほとんど持っているんですが、40年分を眺めてみると、女性誌と似ていて、毎月の特集が決まっているんです。3月になると歌会始をやって、『家庭画報』みたいに柔和的な雰囲気になる。1月と7月は領土問題で、やけにファイティングポーズをとるんです。最初はずっと北方領土問題をやっていたんですが、ある時から北方領土問題を取り上げなくなり、いきなり誰も騒いでいなかった尖閣問題を論じ始めたんです。

だけど、僕は彼らの態度にはさもしさしか感じません。もっと意地汚く表現すると、敵と戦っているふりをしているだけにしか見えない。自分たちはマイノリティだという認識があるから、常にファイティングポーズをとらなきゃならないという強迫観念があるんでしょうね。

日の丸と君が代が好きな新左翼

菅野　実は日本会議の椛島さんたちも学生時代には「YP体制（ヤルタ・ポツダム体制）打破」と言っていたんです。僕も彼らがアメリカ批判をしなくなった理由を色々と考えて、一時期は、彼らの背後にアメリカの影があるのかと思ったりしたんです。

でも、彼らが豹変した理由を探っていくと、対米自立というモチベーションよりも「左翼を殴りたい」というモチベーションの方が強いという、ただそれだけのような気がしてならないんです。彼らを追いかければ追いかけるほど、それしか思い当たらないんです。彼らは自分たちの主義主張や政策を世の中に広めようとすることよりも、敵対セクトに嫌がらせをしようというモチベーションの方が勝っちゃうんですよ。「左翼をいじめたい」「言挙げする奴を抑圧したい」という、ただそれだけなんです。

これは要するにハラスメントですよね。例えば、今の世の中の風潮では、国立大学でも国歌を歌わせようということになっていますよね。大阪では国歌斉唱の際に口が動いていない教師をチェックしようという話にまでなっている。あれはなぜかと言えば、日本会議は基本的に陰謀論者なんで、学校現場は日教組の左翼教師が牛耳っていると考え、その左翼教師に嫌がらせをするためには日の丸を掲げて君が代を歌わせるのが一番効果的だと思っているからです。

白井　なるほど。

菅野　これは旧来の右翼思想、保守思想とは全く相容れないものですよ。そもそも、天皇陛下は2004年の園遊会で、棋士の米長邦雄さんが「日本中の学校で国旗を掲げ、国歌を斉唱させることが私の仕事でございます」と話しかけた際に、即座に「やはり、強制になるということではないことが望ましい」と述べられています。僕も以前は日の丸や君が代を広めることがいいことだと思っていたんですが、天皇陛下がそうおっしゃるなら考え方を改めようと思ったんです。

だけど、日本会議はそうじゃないですよね。彼らは皇室崇敬よりも敵対セクトへのハラスメントが先に来ている。そういう意味では新左翼にそっくりですよ。だから僕は日本会議のことを、「日の丸と君が代が好きな新左翼」だと言っているんです。

そこから考えると、日本会議があれだけ憲法改正にこだわるのも、「左派が護憲を唱えているから自分たちは改憲を唱えるんだ」という単純なところもあると思うんです。例えば、安倍さんは参院選にあたって異常に共産党にこだわっていましたよね。共産党に対して、「自衛隊が違憲だというなら今すぐなくさなければいけないんですか」といったように、子供みたいな議論の挑み方をしていました。

白井　共産党が怖いんでしょうかね。

菅野　もちろん野党が一本化すると手強いから、有権者のアレルギーを引き出すための戦略なんだろうと思います。しかし、安倍さんが国会で「日教組、日教組」とヤジを飛ばしていた時の顔などと思い合わせると、単に「サヨク」をいじめたいだけというような気がしてならないんです。

そういう意味では、思い切ったことを言えば、日本会議の思想について深く考えない方がいいんじゃないかと思うんです。もちろんこれは思考を放棄するということではなく、彼らはやっぱりすごく底が浅いんですよ。

しかし、もしそうだとすれば、僕の愛する日本はそんなどうしようもない勢力がこれだけ大きくなってしまうような国だったのかということになるのですが。

白井　確かに、彼らの思想を批判しようなどと思っても空回りになってしまう。私も『永続敗戦論』や『「戦後」の墓碑銘』(金曜日)などで、右派の言動の背後にある、彼らの「欲望」を読み取ろうとしてきました。その方法は正しかっただろうと思います。問題なのは思想でなく、欲望なのですから。

護憲陣営に憲法を守り抜く覚悟はあるか

菅野　もう一つ日本会議の特徴をあげると、経済政策について何も語らないことです。彼らの過去40年の機関誌を紐解いてみると、経済政策の話が全く出てこないんですよ。先ほど名前のあがった伊藤哲夫さんが代表を務める「日本政策研究センター」は１９８４年にできた政策シンクタンクなんですが、こちらでも経済政策の話は出てきません。

白井　それはすごいですね。

菅野　日本経済は80年代後半から90年代にかけて、バブルが崩壊して山一証券の崩壊に象徴されるように、大きな転換を迎えたわけですよね。ところが、彼らは税制の話もしないし、為替の話もしないし、再分配の話もしない。経済を全く語らないというのが、彼らの一つの特徴です。

これはある意味でアベノミクスとも似ています。安倍さんは日本経済を復活させるためにあらゆることをやると言っていますよね。この間、経済学者の稲葉振一郎さんとお話しする機会があったんですが、アベノミクスが始まってから日本の経済学者の人間関係が改善したと言うんですよ。

白井　あらゆる経済学者の主張を取り入れているから、ほぼ全員自己実現できた（笑）。

菅野　そうです。でも、何でもやるということは何もやっていないのと一緒ですよ。単にアベノミクスという標語が一人歩きしているだけで、実体は何もありません。

白井　経済学者が全員間違っている可能性だってあるわけですからね。そもそもアベノミクスでやっているようなことは民主党政権でもやっていたわけで、アベノミクスは要は薬の量をこれまでの3倍くらいにしてみようという、それだけの話です。

ただ、私はある意味で安倍さんはすごいなと感心しているんです。というのも、彼は本質的には経済政策に何の興味もないのに、あたかも経済政策に強い関心があるかのように装っているからです。

これは前回の失敗から学んでいるわけですよね。なぜ第一次安倍内閣が早々にポシャったのかと言うと、安倍さんはイデオロギー的なことを言うだけで、経済には何の興味もないし、経済政策もわかっていないのではないかと思われたからです。それで病気にもなってしまい、あっという間に失墜してしまった。だから今回は経済政策をやたらと強調しているわけですね。

しかし、何の興味もないことをあれだけ長い間喧伝できるというのは、彼の意志の強さのあらわれだと思うんです。絶対に憲法を変えたいという思いがあるから、その宿願のためにはどんな演技でもするということです。あれは覚悟が決まっていないとなかなかできないことですよ。

そう考えた時に、なぜ安倍政権を倒せないのかと言ったら、安倍政権に敵対する陣営の人々が安倍さんほど覚悟が決まっていないからではないかと思うんですよ。

菅野　そうですね。僕は絶対に護憲でなければダメだと言うつもりはありませんが、安倍政権の改憲を許さないと言っている人たちは「安倍政権下での改憲は許さない」と言っていますよね。護憲派の中にも昭和憲法（現行憲法）に殉じると言い切る人はいないんですよ。

白井　共産党もある種そこを棚上げしましたからね。

菅野　新安保法制採択の時に最も目立ったＳＥＡＬＤｓの学生たちも、「いや、自分たちは改憲論者だよ」などと平気で言っているわけです。

もちろん改憲がダメだと言うつもりはありません。ただ、白井さんがおっしゃるように、安倍さんは憲法を変えることに全政治生命を懸けている。それでは護憲陣営の中に憲法を守ることに全政治生命を懸けている存在がいるかと言うと、いないんですよ。

白井　ただ他方で、これまでの護憲原理主義では改憲の流れを止められないという側面もあると思うんです。

私はこの間、自分の中で共産党に対する評価が上がったんです。それはなぜかと言うと、彼らはこれまでの立場を事実上修正し、野党共闘のためにハードルをすごく下げましたよね。「これくらい下げれば民進党も握手できるでしょう。え、これでも握手できませんか。それならもっと下げます」といったように、相手が握手してくれるまでハードルを下げていった。メンツを捨ててまでも野党共闘を目指したというのは、やっぱり評価すべきだと思うんです。本気を感じます。

菅野　確かに共産党はマキャベリスティックでしたね。ただそうなると、改憲勢力が3分の2を占めるかどうかという以前に、今の政治の世界には絶対的護憲勢力というものがいないということですよね。社民党は有名無実なわけですから。ある意味で、みんな憲法を変えたがっているというような状況です。

白井　私は、今後憲法をどうするのかという問題の対処には二段階あると思っているんです。例えば、これは伊勢﨑賢治さんなどが非常に強調しているところですけれども、PKOの活動などでは、自衛隊の人たちは法的に非常に不安定な状況に置かれているわけで、それが彼らの身体・生命の危険につながり得る。法の矛盾を現場に引き受けさせてしまっている。

だから9条2項を何らかの形で変える、あるいは補足するということの是非を真剣に検討しなければならないだろうと思うんです。議論の結果、現状の法体系を維持するなら、危険を伴うPKO活動などからはきっぱり手を引くという選択もあり得る。こうした議論をする必要は十分にあると思います。

でも、これはあくまでも第二段階の話です。その前提の第一段階として、まずは今の政治の中枢を握っているような勢力を一掃しない限り、そもそもこうした本当の意味での憲法論議を始めることができないと思うんですよ。

菅野　どんな憲法に変えられてしまうかわからないと。

白井　そうです。憲法を具体的にどう変えるかと言った時に、一番有力な改憲案として出されているものが、自民党の改憲草案なわけですから。

憲法が70年間も変わっていないのは国際水準から見て異常だというのは、確かに理屈としてはそうかもしれないし、そもそも原理的には憲法は人間の作るものなので、人間の手で変えてもよいわけです。理屈としてはそうなんだけれども、現状では改憲議論をやらない方がいいという政治状況にあるわけです。とにかく今の政治の中枢を抑えている人たちを追い出さないことには、何事も始められないと思うんです。

菅野　確かにそうですね。安倍政権の憲法改正によって出てくるものは、憲法ならざるものである蓋然性が極めて高い。現在のトレンドを一掃しない限り、怖くてやれません。

それでも時流に抗い続ける

白井　最後に、それではどうやって日本会議的なるものに対峙していくべきかという話をしたいと思います。

これまでの議論では、日本会議的なるものを支えているのは自己剥奪感や自己啓発ノリではないかということで意見の一致を見ました。とすれば、これに対処するためには、ある意味で慈悲心を持って病人と接する気持ちでいるしかないんじゃないかと思うんです。それこそ黒子のバスケ事件の犯人があのような自己分析を行うことができたのは、精神科医の香山リカさんが自著を差し入れてくれたことがきっかけだったそうです。香山さんはプロの精神科医として、「あなたの精神はこういうふうに形成されたんですよ」ということを教えてあげたわけですよね。

だから、日本会議的なるものが自己剥奪感によって支えられている以上、私たちもある種、医者の役割をしなきゃいけないのかなと感じるんですよ。

菅野　おっしゃる通りだと思いますね。日本会議のハラスメントにしてもそうですが、ハラスメントに対応するのは言論ではなくて医療です。ハラスメント癖というのは治療の対象ですからね。香山さんがヘイトデモの問題に熱心に取り組んでいるのも、これは心の病気だということが皮膚感覚でわかっているからでしょう。

白井　ただそう考えた時、日本会議の一番コアにいる人たちの病気が今さら治るとも思えないんですよね。それから安倍さんに対しても温かい視線を注ぐべきなのかどうかという問題もありますよね。

私は安倍政権を批判していますが、個人レベルでは安倍さんに同情しているところもあるんです。彼は非常に優秀な家庭に生まれたせいで、おそらくコンプレックスに苦しみ、お父さんの安倍晋太郎さんからも色々と言われたのだと思います。

その中で、流石に昭和の妖怪・岸信介も孫は可愛かったということで、甘くなったんでしょう。それですごいおじいちゃん子になって、岸家の政治理念を継ぐのは俺だ、お父さんのようにリベラルとは妥協しないということになったんだと思うんです。

ただ、いくら岸信介を尊敬しているといったって、岸さんと安倍さんでは全然頭の出来が違うわけですよ。可哀想だけど、安倍さんには岸信介の複雑な来歴や政治理念は理解できないでしょう。

でも、こういう問題は、岸家や安倍家や佐藤家の話ですよね。お家の話はお家の中だけでやってくれればいいのに、お家事情が国家そのものの行く末を左右してしまうというのは専制国家ですよ。ロマノフ家やブルボン家と一緒です。

そう考えると、近代主義者みたいな話になりますが、日本国家はもっとパブリックにならなければならないということだと思います。

菅野　おっしゃる通りです。丸山眞男を持ち出せば、日本会議を支えているのは丸山の言う「社会の下士官」みたいな人たちばかりです。丸山はこうした人々が日本型ファシズムの担い手になったと言っています。

だから、日本は近代というものをもう一度インストールし直すつもりでやらないといけないと思うんです。その時のメソッドは、先ほど白井さんが示唆されたように、医療的なものということになるんでしょうね。

白井　ヘイトスピーチのようなものに接すれば腹が立つし、「この野郎」と言いたくなりますし、実際に言ってきたわけですけど、それは相手を対等の人格として見ているということですよね。だけど、今必要なのは、相手を治療するという姿勢です。対等の人格だと見ているとこちらの身も持たないですしね。こうした姿勢を左派リベラルがとることによって、蔓延している自己剥奪感を溶かさないといけない。

菅野　そうですね。ただ、僕は最近の日本の動きを見ていると、ちょっと悲観的にならざるを得ないところがあるんです。

僕は『日本会議の研究』を書いている最中は、肩に力が入っていて、「この問題について書いているのは俺だけだ」「マスコミはこびている」などと思っていたんです。だけど、あとがきを書き終えた時にやっぱり自問自答しましたね。先ほど安倍政権が憲法を変えるために実際に有事を起こすのではないかという話が出ましたが、そのような状況になってもまだ自分は書くことができるか、しゃべることができるか、と。

その答えはまだ出ていません。正直言って怖いです。だけど、4年先、5年先の近未来にそうしたことが起こることは想定しておかないといけない状況だと思います。

白井　まさにそうだと思います。彼らが憲法に国家緊急事態条項を加え、それを発動させるような状況を作り出し、それを梃子《てこ》にして全面改憲に進もうとしているという道筋は絵空事ではないと思います。

それは非常に恐ろしいことですが、ただし、道筋がはっきりしてきた分、対策も立てやすくなっていると思います。「相手はこのように出てきますよ」ということが言いやすい局面になってきたということだし、ある意味、向こうは「この道しかない」という形でやってきているわけですから。どこかでそれを止めることができれば、立ち往生するしかなくなると思うんです。

菅野　ただ、白井さんもご著書の中で指摘されているように、日本の世論は北朝鮮のテポドン一発でがらっと変わってしまったという経験を持っていますよね。日本社会の弱さはすでに20年前に立証済みです。

白井　そこが厳しいところですね。

菅野　実際に有事が起きた時に、それでも時流や大勢に抗うことができるか。それでもまだ言うべきことを言うことができるか。戦前の菊竹六鼓《きくたけろっこ》や石橋湛山《いしばしたんざん》のように振る舞うことができるかどうか。それが問われているのだと思います。

第二章　日本会議の源流を訪ねて

対談者
村上正邦

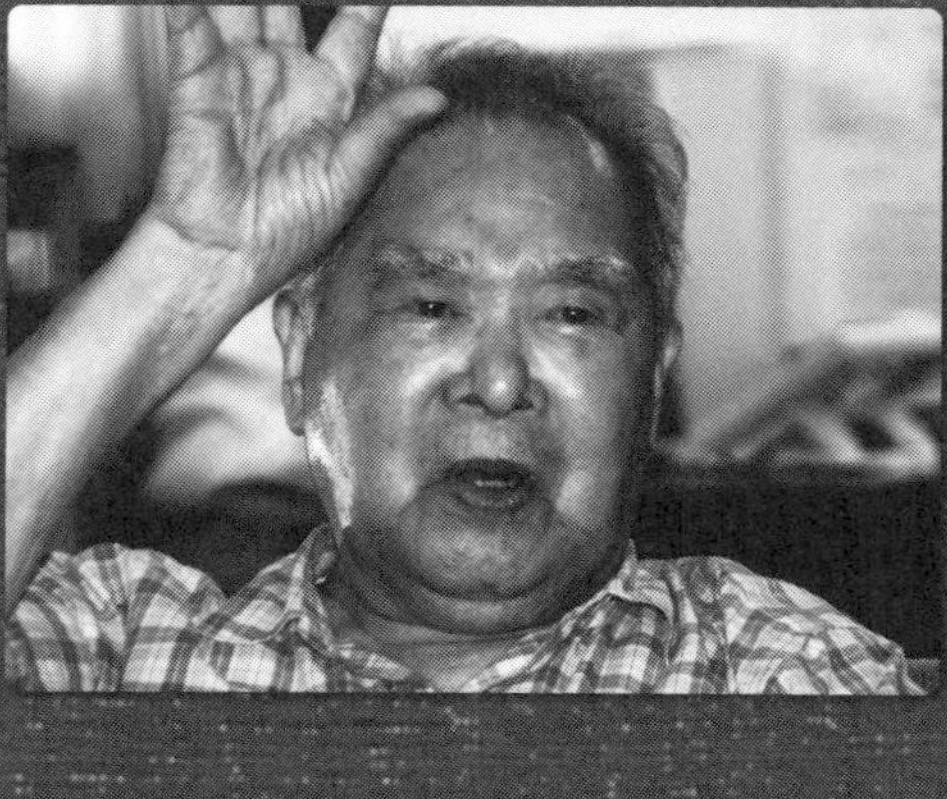

日本会議が安倍晋三を支える理由

菅野　僕は『日本会議の研究』を書くにあたり、村上先生に何度もインタビューさせていただきました。かつて村上先生は日本会議の前身である「日本を守る会」や「日本を守る国民会議」のリーダーとして、運動の先頭に立っておられました。また、日本会議がその流れをくんでいる「生長の家」の熱心な信者でもあられます。そういう意味では、村上先生ほど日本会議に精通している方はいないと思います。今回は、生長の家や当時の政治の動きなども踏まえつつ、改めて日本会議についてうかがいたいと思っています。

村上先生は以前より、「日本会議は自民党そのものを支えているわけではない。彼らが支えているのは安倍晋三だけだ」とおっしゃっていました。実は同じことを加藤紘一さんも言っていたんです。第一次安倍政権が成立した時、加藤さんは朝日新聞のインタビューに応じ、「安倍の背後には日本会議がいる。これまでの総裁とは違う」と、日本会議の動きに警鐘を鳴らしています。

その視点から色々調べてみたんですが、現在の日本会議の中枢にいる人たちは、安倍晋三が衆議院議員に初当選した直後から安倍に目をつけていたようなんですね。例えば、衛藤晟一は当初からずっと安倍と行動を共にしていたようです。

村上　そうですね。衛藤晟一が連絡をとって、安倍と一緒に動いていたんです。おそらく衛藤晟一は安倍に憲法を勉強することをすすめ、憲法改正を進言したんでしょうね。

菅野　衛藤さんは学生の頃、椛島有三さんたちと一緒に長崎大学で左翼と戦ったり、九州学協（九州学生自治体連絡協議会。民族派の学生組織であり、後の全国学生自治体連絡協議会）を結成したりしています。それから大分市会議員、県会議員となって、ついに国会議員にまで上りつめました。

村上　衛藤晟一は生学連（生長の家学生会全国総連合。生長の家の学生組織）出身ですから、もう生粋ですよね。僕は衛藤が国会議員にまでなるとは思っていなかったけど、あれは厚かましい男なんですよ。

　僕は当時、皇室について学ぶ皇室懇（皇室問題議員有志懇話会）という勉強会を作ったんです。僕がメンバーを選んだんですが、藤波孝生さんを中心にして、官房長官経験者や官房長官になるであろう人たちを集めたんですね。そこに、呼んでもないのに、当選して間もない衛藤晟一がやってきたんですよ。「何だ」と言ったら、「こういう集まりをやっているると聞いたので入れてもらおうと思って」と。森喜朗が衛藤と連絡をとっていたようです。

菅野　なぜ衛藤晟一の方から安倍にコンタクトをとったのでしょうか。

村上　衛藤晟一は安倍晋三の親父の安倍晋太郎先生に絶対服従という関係性だったからね。晋太郎先生が晋三に期待しているだろうという思いで、晋三を見ていたんだと思いますよ。

菅野　それは生長の家とは関係なく、政治的にということですか。

村上　いや、関係ありますよ。というのは、谷口雅春先生は日本のためには竹下登よりも安倍晋太郎がいいとおっしゃっていたんですよ。晋太郎先生が宗教的に生長の家と近かったというわけではないですけどね。

菅野　「中曽根裁定」の時のお話ですね。当時、中曽根康弘の後継者として、竹下登、安倍晋太郎、宮沢喜一の三人が争っていました。中曽根はその中から自らの後継として竹下を選びました。

村上　僕はなぜ竹下が後継者となったのかは知らないけど、僕らは安倍と竹下を比較して、中曽根は安倍をとるだろうと、こう見ていましたね。福田赳夫先生も晋太郎先生を自分の後継者として認めておられました。

生長の家教団からも、晋太郎先生と接近することについて「それはいかんよ」とか「それは危険だよ」という話は全然ありませんでした。雅春先生は晋太郎先生の考え方が自分たちの思想に近いと見ておられたんじゃないでしょうか。

菅野　つまり、谷口雅春は自分たちの考える日本論を自民党の中で展開できるのは安倍晋太郎であると見ていたということですね。そして、生長の家の信徒として谷口雅春の思いを知っていた衛藤晟一は安倍晋太郎に近づいた。それで、晋太郎が晋三に期待しているだろうと思い、それならば安倍晋三を後継として支えようということになった。

村上　そうです。だから日本会議が安倍晋三を支えているのは必然的なんですよ。安倍晋太郎を総理にするための布陣が全て、安倍晋三を総理にするための布陣になったということです。

なぜ生長の家は政治活動から撤退したのか

菅野　安倍晋三が衆議院議員に初当選したのは１９９３年、これは宮沢喜一内閣が退陣して細川護熙内閣が誕生した時です。このちょうど10年前に、生長の家は政治活動から撤退します。村上先生はその理由をご存じですか。

村上　生長の家三代目の雅宣さんと玉置の対立が大きいですね。もともと雅宣さんは玉置を応援していたんですが、ある時期から対立するようになったんです。

菅野　村上先生が秘書として仕えておられた玉置和郎さんですね。玉置さんは生長の家の政治団体である「生政連（生長の家政治連合）」の支援を受けていました。なぜ玉置さんと雅宣さんは対立するようになったんですか。

村上　もともと雅宣さんは新聞記者になりたいと言っていたんです。それで、二代目の谷口清超先生が玉置に相談して、産経新聞に入れようということになったんですね。

当時のサンケイグループのトップは鹿内信隆さんでした。そこで、玉置は鹿内さんのところに行き、「雅宣をとれば、生長の家の信者がみんな産経新聞を購読するから、購読者が1万人増えるぞ」という話をしたんです。鹿内さんも「それは結構じゃないか」ということになった。

ただ、これは玉置が方便として生長の家を使っただけで、雅宣さんも清超先生も知らなかったんですよ。玉置としては、これで雅宣さんを自分の思うように動かせると思ったんでしょうね。

その結果、雅宣さんは産経新聞に入り、横浜支局に配属されました。ところが、いつまでも支局巡りをさせられて、産経本社に配属されないんです。雅宣さんはその時、どうも横浜支局の先輩に吹き込まれたようです。玉置を訪ねてきて、「玉置先生、先生が私を本社にあげるなと言っているそうじゃないか」と言うわけですよ。玉置は「いや、それは誤解だ」と言って、鹿内に連絡を入れて「早く雅宣さんを本社に回せ」と言ったんですね。

鹿内も「それでは本社に回しましょう」ということになった。

この話が終わったのは夕方頃でした。それで、玉置は雅宣さんを誘ってうどんを食べにいったんです。玉置はその時、「雅宣さんにだけ話すけども、例のトラック運転手が1億円を拾ったという話、あのお金を落としたのは俺なんだ」と告白するんですよ。

菅野　昭和55年にトラック運転手が道路脇で現金1億円を拾ったという事件ですね。あのお金は玉置さんのお金だったんですね。

村上　ところが、産経新聞がこの件を報じるんです。それで玉置は怒ったんですよ。「オフレコだと言ったのに、なんで書いたんだ」と。だけど、雅宣さんとしては「何言ってやがんだ」ということになるわけです。

菅野　「俺は新聞記者だ。いいネタを拾ったんだから書くのは当然だろう」と。

村上　そうです。それで、雅宣さんと玉置の関係が悪くなって、雅宣さんは玉置を生長の家から追い出すことを決めたんでしょうね。実際、雅宣さんは産経新聞をやめて生長の家教団に戻り、玉置が独断で政治運動をやっていたことを暴露したんですよ。僕も一緒に詰問されたんだけども、「そういうことはやっていません」ということでその場は収めました。

ただ、玉置が独断専行していたのは確かです。宗政研（宗教政治研究会）を作って活動していたわけですから。

菅野　玉置さんが政治運動のために作った勉強会ですね。生長の家にはすでに政治運動体として生政連があるんだから、玉置は一体どういうつもりなんだということになるわけですね。

村上　そうそう。ちょうどその頃、玉置は参議院から衆議院に鞍替えしようとしていました。それで、自分の参議院の後継者として秘書の寺内弘子を選んだんです。玉置としては、自分が選んだ後継者だから、まさか自民党が比例の名簿順位を低くすることはないだろうと思っていたんですよ。

菅野　名簿順位が上だと思っていたのに、下だったと。

村上　そうです。玉置は当選できるものだと思っていたから、生長の家にもそう伝えていた。ところが蓋を開けてみると次点だった。それで、生長の家では「玉置は言っていることとやっていることが違うじゃないか」という話になったわけです。

ただ、いくら生長の家といえども、玉置を切ることは難しかった。そこで、政治とは断絶するということになったんです。

菅野　すごく簡単にまとめますと、玉置さんと雅宣さんとの間でいざこざが起こり、それが玉置さんと生長の家本体の揉め事にまで発展して収拾がつかなくなった。そこで、生長の家は政治から撤退したということですね。

村上　そういうことです。

菅野　その直後に玉置さんは癌になって体調を崩されましたよね。こういう言い方は不謹慎ですけど、生長の家からすれば、「玉置が癌になったのは『生命の実相』を根本に置いた実直な生活をしなかったからだ。やっぱり玉置は偽物だった」ということになるのではないでしょうか。

村上　そうそう。信徒の中からはそういう声が出てきましたね。

菅野　生長の家の信者だったらそう思うはずですね。それは無理もないことだと思います。

玉置和郎の最期

菅野　生長の家が政治運動から撤退すると決まった時、村上先生はどうされたのですか。

村上　清超先生が僕のことを心配してくださって、「お前の今後は中曽根に頼んでおくから」ということで、中曽根さんに話をしてくれたんですよ。ところが、それが玉置の耳に入って、「村上は勝手なことをしている」と批判されたんです。玉置の側近からも「村上は生長の家の飼い犬だ」ということで、遠ざけられるようになった。

実はその前から僕と玉置の間には距離ができていたんです。玉置は自分の依って立つところは宗教団体だということで、宗政研を使って活動していました。玉置としては、宗教団体の人たちは選挙の時に一生懸命応援してくれるし、それで人が集まれば金も集まると考えていたんです。政治とはそういうものだと割り切っていたんですね。玉置は宗政研に与野党はないということにしていたから、社会党の先生たちもずいぶん来たもんですよ。

菅野　田中角栄の権力の基盤が土建業や運送業であれば、玉置和郎はそれを宗教団体に求めたように見受けられますね。

村上　そういうことです。当時の永田町では「玉置は総会屋だ」という噂が流れたほどだったんですよ。

だけど、僕はそういう玉置の生き方は間違っていると思った。だから、僕は玉置を批判したんです。「あなたと俺とは金銭哲学が違う」と。すると玉置が「俺を批判するんだったら出ていけ」と。それで、僕は宗政研の事務局長を拝命していたんだけど、返上したんです。だから僕は宗政研の秘書連中からも疎まれていたんです。

ただ、僕はいくら玉置から遠ざけられても、玉置をずっと支援してきたつもりなんですよ。玉置は癌になって半蔵門病院に入ったんですが、そこで「三城《さんじろ》の蕎麦が食いたい」と言っていたという話を聞きました。三城とは今は長野に移転した蕎麦屋のことです。僕はその話を聞いたもんだから、三城の女将に「玉置が蕎麦を食べたいと言ってきたら、届けてちょうだいね」とお願いしたりしていたんです。

そのあと、玉置の癌はどんどん大きくなって、いよいよ再起が難しいということになってしまった。それでも玉置の政治への思いが消えることはなかったですね。「俺は最後に改革の火を灯したい。それは農協にメスを入れることだ」と、綿々と語っていました。

その頃は中曽根政権の時代で、玉置は中曽根さんのやることにことごとく反対していました。だけど、玉置は農協改革への思いをつづり、それを中曽根さんに届けたんです。その手紙を届けたのは僕なんですよ。中曽根さんは軽井沢にいたから、僕はヘリコプターで軽井沢まで行ったんですよ。周りの人たちは僕と玉置が疎遠になっていると思っていたから、びっくりしたと思います。

僕は中曽根さんに会って「玉置の思いはこうです」と伝えました。中曽根さんは涙ながらに手紙を読み、「次の改造の時には是非とも玉置さんに閣内に入ってもらおう」ということになった。それで玉置を総務庁長官に登用したんですよ。玉置はそこで農協監察の実施などを打ち出していったんです。

玉置はそれからしばらくして亡くなりました。僕は玉置が亡くなる直前に「村上さん、俺はあんたをずいぶん誤解していたよね」と言われました。だけど、誤解も何もないんですよ。僕は玉置を国会議員にするために、あらゆることを犠牲にして玉置を支えてきたんだから。

だから、「玉置さん、心配いりません。あなたが亡くなった時は、私が棺桶を担ぎますから」と言ったんです。実際、玉置の葬式の日には棺桶を先頭で担ぎましたよ。玉置の秘書連中が僕に担がせまいとして妨害してきたけど、僕は決して手を離さなかった。

あとから聞くと、玉置は死ぬ間際まで「閣議は何時からだ」と奥さんに尋ねていたそうです。最後まで病気と壮絶な戦いをしていたんだと思いますね。中曽根さんも玉置の思いをしっかりと受け止めて、「村上さん、普通なら大臣をやめてもらうところだけど、玉置さんには大臣として死んでもらおう」と言って、死ぬまで総務庁長官として遇してくれたんです。だから、玉置の葬式は、総務長官・玉置和郎として出したんです。普通だったらやめさせますよ。中曽根さんは情の人だ、本当に偉いなと思いましたね。

安東巖とは何者か

菅野　玉置さんと雅宣さんとの軋轢《あつれき》、生長の家の政治活動からの撤退という中で、生長の家の指示で運動を展開していたであろう椛島有三さんたちは翻弄されていくわけですね。

村上　いや、平然としていたよ。彼らは玉置や僕を道具として使っていこうとしか考えていないから。裏では「玉置和郎は金の虫だ」と言いながら、玉置をうまく使っていましたからね。

菅野　やっぱり玉置さんからお金をもらっていたんですか。

村上　もらっていました。伊藤哲夫なんかがお金をもらいに来ていましたね。僕はこの目で見たから。だから僕は伊藤哲夫を軽蔑しているんです。お金をもらう時は「玉置さん、玉置さん」とペコペコするけども、部屋を一歩出れば玉置を批判するんだから。玉置が悪いと思っているなら、なぜ本人の前で徹底的に批判しないのか。

僕は今でも時々ニューオータニで伊藤哲夫を見かけるけど、絶対に声をかけません。普通だったら声をかけるんだけど、伊藤にはかけない。玉置の目の前では良いことばかり言って、離れれば悪口を言うような男だから。そういう二重性を持った男とは付き合わない。

菅野　日本会議関係者の中で、伊藤哲夫以外に玉置さんや村上先生と接点を持った人と言えば誰になるのでしょうか。

村上　それはやっぱり椛島であり、安東さんでしょうね。

菅野　安東巌のことですね。僕も『日本会議の研究』の中で、村上先生からうかがったお話などに基づきつつ、安東巌のことを描きました。安東巌はこれまでほとんど表に出ていませんが、僕は安東を語らずして日本会議を語ることはできないと考えています。そこで改めて安東についてうかがいたいと思います。

僕は安東こそが日本会議や日青協を全て仕切っていると見ているんですが、そのように断言して間違いないでしょうか。

村上　間違いありません。表向きは椛島が事務総長として日本会議を仕切っていますが、椛島は何かを決定しようとする際には、安東さんならどのように考えるだろうかと自問自答していると思います。

菅野　村上先生が安東の影響力を一番最初に認識されたのはいつ頃ですか。

村上　いつ頃かと言われても困るけれど、生長の家の教団にいれば、安東さんの影響力や存在感はすぐにわかりましたよ。そういうことがわからないようでは、国会議員の秘書にはなれませんからね。

菅野　村上先生が安東と初めて会ったのは、安東が生長の家青年会にいた頃になるのでしょうか。

村上　そうだと思います。安東さんとの付き合いはそれからずっと続いています。僕がKSD事件で逮捕されたあとも、安東さんは僕に電話をくれました。自分の娘の婿を探しているので、いい婿さんがいたら紹介してくださいということでした。釣書まで持ってきてくれましたよ。

　つい最近も安東さんは僕に会いたいということで電話をくれました。ただ、その時は他にも人がいたから会えませんでしたが、彼が僕のことを気遣ってくれているのは確かだと思います。安東さんが僕のことをどう見ているかはわからないけど、僕は安東さんとの間には信頼関係があると思っているんです。

菅野　先ほどから気になっていたのですが、村上先生は椛島有三や伊藤哲夫は呼び捨てなのに、安東だけは「安東さん」と呼んでおられますよね？

村上　昔からそうですよ。

菅野　言葉を選ばずに申し上げると、村上先生は当時から安東に気を使っていたということですか。

村上　使っていましたよ。

菅野　しかし、僕から見ると、いかに村上先生が生長の家を支持基盤にしていたとはいえ、安東は村上先生より年下の生長の家青年会の人間ですよね。生長の家青年会は創価学会の青年部などとはちょっと毛色が違って、学生運動に毛が生えたような感じです。たしか青年会に籍を置けるのは30歳までだったと思います。そういう意味では、当時の安東は「若造」ですよ。そんな若造になぜ村上先生は気を使っていたんですか。

村上　僕は青年会の意向が生長の家の政治運動に反映しているということを知っていまし

たからね。だから何をするにしても、まず青年会の理解を得なきゃならんと思っていました。その中でも安東さんは影響力が大きかったですから、特に気を使っていましたね。安東さんが玉置をどう評価するかが、そのまま教団が玉置をどう評価するかにつながりますからね。

「安東さんのためなら死んでもいい」

菅野　僕がずっと気になっているのは、なぜ安東がそれほど大きな影響力を持つことができたかということなんです。人心掌握の持ち味というのは人それぞれあると思います。例えば、田中角栄や玉置和郎であればお金を集める力であり、一時期の加藤紘一であれば知力でしょう。村上先生の場合は心意気です。安東の場合は何なのでしょうか。

村上　それはやっぱり「総合的な力」でしょうね。力には様々な要素があります。例えば、知力や理論の力ですね。生長の家の実相哲学というものは、「人造り」から入って「国造り」まで行くんです。どのような宗教団体でも、人を救うということはやりますよね。だけど、国を救うための理論を作るのはなかなか難しいですよね。その点、雅春先生は明治憲法復元改正という理論を作り上げたから、これが他の宗教と違うところです。安東さんはこうした理論をしっかり学んでいるんですよ。だから誰もかなわないんですよ。

　それから、これはなかなか信じてもらえないでしょうが、安東さんは何度も奇跡を起こしているんです。彼のおかげで、今まで歩けなかったのに歩けるようになったという人たちがたくさんいると聞いています。安東さん自身も若い頃に病気にかかったけど、生長の家の教えによって病気が治っているんですね。僕はそれが事実かどうかは知らないけど、一般の信者はみんな安東さんの病気治しは本物だというふうに見ているんです。彼の病気治しは雅春先生直伝だと思います。

　そういう意味では、雅春先生亡きあとは、安東さんが実践者として雅春先生の力を代弁しているということですね。安東さんにはそれだけの力があるんですよ。ただ、安東さんにこういうことを言えば、「いや、そんなことはありませんよ」「人様がそう言っているだけであって、私自身はそんなことは思っていませんよ」と言うだろうと思います。

菅野　僕も安東の講演会を聞き、彼の人柄に触れたことがあるんですが、安東にはそう思わせるだけの力があることは間違いありません。この人は生長の家の中で影響力を持つだろうと思いました。宗教的カリスマ性を感じたのも事実です。

　しかし、安東が持っている影響力というものを考えると、それだけじゃないと思うんです。僕は本を書くために色んな人から話を聞き、安東の力は谷口雅春のような霊的なものだと思うようになりました。ただ、あの本が出たあと、当時安東の周りにいたという人たちが続々と連絡をくれて、安東にはもっとドス黒いものがあると言うんです。村上先生はその点をご存知かと思うのですが。

村上　右翼的な力関係と言えばいいのかな、そういうものを行使できる立場にあったということでしょうね。生長の家の青年会には「安東さんのためなら死んでもいい」という青年たちが大勢いましたから。それはいつ爆発するかわからない時限装置のようなもので、青年会はそういう若いエネルギーをたくさん蓄えていたんですよ。

菅野　なるほど。それはどの青年会もそうですね。村の青年会や、自民党青年局もそうですね。

村上　そうです。彼らは運動に命を懸けているから、犬みたいなことだってできる。青年会の純粋さと言うか、そこに青年会の力の本源があったんです。

菅野　純粋な理想を持っているからこそ手を汚すこともできると。よくわかります。

村上　その怖さを一番わかっていたのが生政連なんです。生政連は常に青年会と対立する立場にありましたから。いつ青年会にやられるかわからないという怖さがありましたね。そういう怖さがなくなったら青年会じゃなくなるんですよ。今の自民党がまさにそうですよね。

菅野　つまり、昔であれば自民党の院外団がやるべきことを、日本会議の安東一派が代わりにやっているということですね。

村上　そういうことです。

村上正邦を監禁した青年たち

菅野　僕が安東を知るという人たちから話を聞いた時、彼らは安東の持つ暴力装置を非常に恐れていました。村上先生は何か身に危険を感じるような目にあったことはありますか。

村上　僕も生長の家の青年たちに何時間も監禁され、ぐいぐいやられたことがありますよ。彼らの名前はわからないけれども、生政連のメンバーもいました。中には大学の空手部の連中もいましたね。

僕はその時、直観的に「あ、これは青年会の手の者だな」と思いました。もちろん安東さんはその場にはいないし、彼が「村上を監禁しろ」と指示したとは思いませんが、暗示を受けたのでしょうね。彼らはおそらく青年会の意思を忖度して動いたのだと思います。「ああ、これが内ゲバというやつだな」と思いましたね。

菅野　監禁されて暴行を受けたんですか。

村上　受ける寸前でした。僕はただ正座して合掌し、「谷口先生、ありがとうございます」と唱えていました。

菅野　神想観（生長の家の座禅的瞑想法のこと）をしていたわけですね。

村上　そうです。神想観は生長の家の人間にとって何よりも強い味方ですから。

菅野　生長の家の人間なら、神想観をしている人間を殴ることはできませんね。彼らは村上先生の何が不満だったのですか。

村上　谷口哲学に対する考え方でしょうね。

菅野　谷口哲学を政治の世界でどう実現していくかということについて、村上先生のやり方に不満を持っていたということですか。

村上　そうそう。僕は頭に来たけれども、当時は監禁されたなんて話はできませんでした。玉置にも話していません。恥ずかしいですし、自分が情けなくなりますから。それに青年会と対立すれば生政連が内部分裂しちゃいますからね。今だからこそできる話です。

菅野　他にもそういう経験はありますか。

村上　原宿の駅から生長の家本部に向かうまで、青年会の手の者と思われる人たちから、ずっと罵声を浴びせ続けられたこともあります。そういうことは度々ありました。

菅野　参議院議員に当選されたあとにもそういう経験はありますか。

村上　いや、それはないですね。

菅野　そうすると、安東が生長の家で大きな力を持つことができたのは、暴力のためと見ていいのでしょうか。

村上　そういう面もあったでしょうね。善人は暴力に弱いですから。

　ただ、先ほども言ったように、彼の力の本源は暴力だけではないですよ。彼は実相哲学の第一人者ですし、病気治しにも定評がありました。彼が優れた人間であることは間違いないですよ。だから三代目の雅宣さんも安東さんを重視したんですよ。やっぱり怖い者こそ大事にしますからね。

菅野　ということは、雅宣さんも安東の怖さを知っていたと。

村上　知っていたと思います。安東さんを定年まで理事として遇したわけだからね。安東さんに一目も二目も置いていたと思います。

　だけど、最後まで仕えた安東さんも偉いと思いますね。普通だったらやめていますよ。安東さんは雅宣さんとは思想的に反目しているわけですから。針の筵《むしろ》と言うけれど、よく耐えてきたなと思いますね。安東さんがそれだけ腹の座った男だということです。

菅野　安東は生長の家をやめたいと言っている人にも、「最後まで勤め上げて退職金をもらうまで頑張れ」と言って回っていたそうですからね。

村上　だから、僕が今でも会って色々話をしたいと思うのは安東さんだけなんですよ。椛島もオルグの人間としては一流だけど、やっぱり安東さんの方が数段上ですよね。
僕は雅春先生との関係で岡潔さんをはじめ一流と呼ばれる人たちにたくさん会いましたけど、一番印象に残っているのはやっぱり安東さんなんですよ。僕はそれだけ安東さんを買っているんです。

安東巖に指示を仰ぐ人々

菅野　村上先生のお話をうかがい、安東がいかに生長の家の中で影響力を持っていたかがよくわかりました。
村上　あの影響力は本当に怖かったですね。
菅野　僕に面白いことを言った人がいて、その人の表現をそのまま使いますが、もし世の中に人を共産主義者にできる注射があって、安東がそれを打たれて共産主義者になった。それで翌日、安東が椛島に電話をかけて「今日から共産主義で行くぞ」と言えば、日青協は明日から赤くなる。安東が一言言えば、日青協は全部変わると言うんですよ。
村上　その通りでしょう。

菅野　実際、椛島有三や百地章、高橋史朗、伊藤哲夫は、月に一回安東のもとに集まり、どうするべきかという指示を仰いでいるんだそうです。この会合については色んな人から証言を得ました。村上先生はこういう証言を聞くと、さもありなんと思いますか。

村上　思いますね。

菅野　そういう場面をご覧になったことはありますか。

村上　ありません。結局、僕がそこに入る余地はないんですよ。安東さんは僕のことを信頼してくれていると思うけど、他の人たちは僕を信頼していないから。

高橋史朗は「村上なんかよく知らないよ」と言うでしょうし、伊藤哲夫なんかは「村上なんか玉置の言う通りに動く人間だよ」という見方をしているでしょう。椛島とは話す機会が多かったけど、それは椛島にとっては玉置よりも僕の方が物を言いやすかったからだと思います。

だから、仮に安東さんが「村上さんも入れよう」と言ったとしても、他の人はみんな反対するでしょう。彼らはそういう点でははっきりしていますからね。安東さんもつまらんところで我を張らない人ですから、「みんながそう言うなら」ということで、その場を落ち着かせると思います。

菅野　安東が最後のところで我を張らないというのは、僕が聞いた証言とも合致します。

彼らは『谷口雅春先生を学ぶ』という雑誌を発行していますよね。発行人になっているのは、日本教文社（生長の家の書籍や月刊誌を出版するために作られた出版社）の社長だった中島省治さんです。

村上　中島さんは僕のところにも来ましたよ。「雑誌を作ろう」と言って。僕は「そりゃいいことだね」と言ったけど、実際には何の手伝いもしませんでした。

菅野　もともとあの話を始めたのは百地章なんだそうです。それで、日本教文社の編集者も何人か一緒に動いていたらしいんですよ。ただ、安東は最後までその話に反対していたそうなんです。

村上　彼はその時まだ生長の家にいたでしょうからね。

菅野　ところが、百地がどこかのタイミングで「安東さん、やっぱりやろうよ」と強くお願いしたら、先ほど村上先生がおっしゃったように、安東はそこら辺は変な我を張らないようで、「じゃあやろう」と認めたんだそうです。

村上　そうでしょうね。安東さんには自分のプラスマイナスで物事を考えるところがありますからね。

日青協が子供の教育の議論を始めた背景

菅野　村上先生が安東を評価されていることはわかりました。ただ、僕は安東は絶対に許せないと思っているんです。

僕は日青協がここ数年の間に書いたものを追いかけていて気づいたんですが、彼らはある時から急に「子供の非行の原因は親にある」「子供が障害を持って生まれてくるのは親のせいだ」といった話をするようになったんです。それはちょうど、魚住昭さんが村上先生にインタビューし、『証言　村上正邦』を出版した頃からです。

これは極めて申し上げにくいことですが、言わざるを得ないので言いますが、僕には彼らが村上先生に嫌味を言っているようにしか見えないんです。彼らが子供の障害について取り上げ始めたのは、村上先生の娘さんの明子さんがダウン症だということを知って、あえてやっているとしか思えないんです。僕にはそれがどうしても許せないんです。

村上　そうですか。僕はそこまで分析したことはありませんでした。

菅野　もちろん高橋史朗は教育学者ですから、彼は若い頃から子供の話をしていました。彼が「親学」と称して、十数年前から子供の教育に取り組んでいることも知っています。

ただ、日青協として、子供の障害であるとか、今の言葉で言うところの発達障害について議論を始めたのは、ちょうど魚住さんの本が出た頃からなんです。時期が綺麗に重なっているんです。

確かに僕の本の中でも安東についてそれなりの分量を使って取り上げましたけど、彼らにとって一番ショックだったのはやっぱり、村上先生が魚住さんの本で安東のことをしゃべったことだと思うんです。だから村上先生に嫌がらせをしようとして、「子供の障害は親のせいだ」などと言い始めたとしか思えないんです。

村上　いや、確かに安東さんも魚住さんの本について、「村上さんは左翼から利用されているんだよ」とはっきり言っていましたけど、安東さんは明子のことについては何も言及していませんでしたよ。

菅野　魚住さんの本が出たあとにお会いになったんですか。

村上　会ってはいません。ちょっと前に電話で話しただけです。僕は明子のことは赤裸々に話しているけど、安東さんから明子の話が出たことはないですね。彼は明子のことはあまり知らないと思いますよ。

菅野　魚住さんの本の中に出てきますから。

村上　文献としてはあれだけですね。

菅野　僕がこういう話をするのは、日青協の40年の歴史をたどっていくと、彼らの歴史がほとんど嫌がらせの歴史だからなんです。彼らは小中学校で日の丸を掲げて君が代を歌わせようと熱心に取り組んでいますけど、あれは愛国心からじゃないと思います。彼らの認識では、小中学校には左翼の教師が多いから、そうした教師に嫌がらせするためにやっているんだと思うんですよ。

村上　彼らはもともと同和教育を潰そうとしていましたからね。

菅野　そうです。でも、それも部落差別がどうしたというよりも、小中学校の教師は左翼の巣窟《そうくつ》だから潰そうという、左翼に対する運動論としてやっているような気がするんです。日の丸と君が代のあんな強制の仕方は、愛国心じゃないですよ。

村上　そうですね。だから私はあの問題からは距離を置いているんです。

菅野　今上天皇は園遊会で、国歌と国旗について「やはり、強制になるということではないことが望ましい」とおっしゃったわけですよね。それにもかかわらず強制しようというのは、それは愛国心や尊皇心以外の何かがあるからですよ。僕はそれは左翼への嫌がらせだと思うんです。

村上　しかし、うちの子供に対してそういう卑劣なやり方はやらないと思うんだけどね。

菅野　そもそも僕は子供の障害を問題にすること自体がおかしいと思っているんです。誤解を恐れずに言うなら、子供が障害を持って生まれることは決しておかしなことではなく、一般的なことですよ。

村上　ただ、明子については僕も自分を責めている部分はありますよ。責任は僕自身にあるなと思っているんです。

菅野　いや、村上先生のせいではないですよ。

村上　ただ彼らが明子のことを利用しているかどうかというのは、僕にはわかりません。僕としては、安東さんはそこまで腐った人間ではないと見ているんだけどね。僕と玉置の間に距離ができた時も、周りの人たちはみんな「玉置のもとにいても良い結果は得られないよ」と言っていたのに、安東さんだけは「村上さんは玉置さんと別れるべきではない。玉置さんのそばにいることが、あなたが光ることだよ」と言っていました。彼はそういう人間なんですよ。

菅野　もちろん僕も安東が直接指示を出したから、日青協が子供の障害について取り上げ始めたとは思っていません。これはおそらく村上先生が監禁された時と一緒で、「村上さんは最近ちょっとおかしいよな」という雰囲気になり、それで周りが忖度し、そういうことをやっているんだと思うんです。

安倍政権にとっての蟻の一穴

菅野　これまで村上先生のお話をうかがってきて、日本会議が自民党を支えているのではなく、安倍晋三個人を支えているということがよくわかりました。また、日本会議は表向きは椛島がトップだけども、裏で仕切っているのは安東だということが確信できました。
　僕は安東の存在を浮き彫りにすることが、安倍政権にとって蟻の一穴になると考えています。安東は昭和14年生まれで、現在77歳です。77歳にもなれば、体調の問題が出てくるでしょう。もし安東が病気になったり倒れたりして、その影響力が失われた場合、安倍政権はどうなると思いますか。

村上　その一角が崩れれば日本会議はガタガタになり、安倍内閣にも影響を与えていくだろうと思いますね。ただ、日本会議はあくまでも安倍あってのものなんですよ。だから、安倍が総理をやめれば、日本会議はガタガタになるんですよ。安倍から酷使されてきた分、瓦解も早いと思います。
　それから、天皇陛下の譲位という問題が出てきましたからね。これにどう対処するかという問題もあります。

菅野　大変な難問ですよね。この件に関するNHKのニュース原稿はとても練られたものでしたから、NHKはだいぶ前から発表する機会を狙っていたんだろうなと思います。

村上　陛下は、安倍内閣が3分の2の議席を握って憲法改正に突き進んでいるけども、皇室典範はどうするのかというお考えを示されたのだと思います。皇室典範には欠陥がたくさんありますし、憲法と皇室典範が横並びに置かれているのも問題です。だから、安倍は参議院で勝った勝ったと喜んでいるけれども、憲法よりも皇室典範を検討の材料にしてくださいよというお考えなのだと思います。

ただ、これは天皇陛下と安倍の間に信頼関係がないということですよ。もし安倍を信頼しているなら、こういうやり方はなさらなかったのではないかと思います。下手をすれば、天皇問題で安倍内閣が割れる可能性だってありますよ。

菅野　そうですね。日本会議も今頃、上を下への大騒ぎだと思うんですよね。

村上　これは日本会議とは相容れないものですからね。

菅野　おっしゃる通りです。そもそも現在の日本会議や広い意味での保守のあり方には、天皇陛下と対立するところがあると思います。

先日、日本会議会長の田久保忠衛が外国特派員協会で記者会見したんです。彼は日本会議の会長でありながら日本会議のことをよくわかっていなくて、憲法9条を改正すべきだということを延々としゃべっていました。でも、日本会議がやりたいのは9条改正ではなく、緊急事態条項創設と憲法24条改正ですからね。記者たちからその点を質問された時に、田久保は思わず「よく日本会議のことを知らないので」と言っちゃったんですよ。

その田久保は、ある記者から「外国人の目から見ると、今上陛下はとても平和主義者で、今の憲法を大切にしたいと思っているように見える。それは田久保さんの意見と合致しないのではないか」と質問された時に、答えに窮しているんです。それで、田久保は「天皇陛下のおっしゃることは全て正しい」と言ったんです。だけど、答えに窮したということは、痛いところをつかれたということですよ。

村上　安東さんが上手にタクトを振らないと、日本会議は大変なことになるでしょうね。

菅野　そうですね。日本会議の鍵を握っているのは結局のところ安東だということですね。だからこそ、安東の存在を白日のもとに曝していく必要があります。僕は今後も安東巖を徹底的に追及していきたいと思います。

第三章　民族派から見た日本会議

対談者　横山孝平

なぜYP体制打破と言わなくなったのか

菅野　僕が今回なぜ横山さんとお話がしたいなと思ったかと言いますと、横山さんが今年の楠公祭（楠正成公、子・正行公ら楠氏一党の尊皇精神を継承すべく、有志によって毎年開催されているお祭り）で読み上げられた祈願詞（＊章末参照）にとても心を打たれたからです。横山さんはあの中で、安倍政権の安保法制を批判しつつ、「いま、為政者は憲法に規定されない『護憲の軍隊』を、同盟国といわれる他国の軍隊の傭兵として、差し出す準備を固めました。自らが求める『憲法改正』を『解釈』と、『新たなる法制化』という手段によって、まさに、本を正さず末に走る姑息な手段で、後世にまで禍根を残す、愚かな結末を招来させせようとしています」と言われています。

こういう言い方はものすごくおこがましいですけど、これは極めてまっとうな国家観、あるべき国家観だと思うんです。おそらく他の民族派の人たちからも支持される考え方だと思います。

これに対して、僕が一昨年から追いかけ続けてきた日本会議や日本青年協議会の国家観は、横山さんの掲げられた国家観とは対極にあるような気がするんです。あえてこういう言い方をすれば、日本共産党の国家観と比べてもさらにかけ離れていると思います。

よく言われているように、日本会議の中枢にいる人たちも、当初はYP体制（ヤルタ・ポツダム体制）打破と言っていました。彼らが団体を結成した直後に三島由紀夫が市ヶ谷駐屯地で自決したため、彼らの運動のスタートは三島事件の裁判闘争支援でした。ところが、彼らは今や完全にYP体制擁護に回っています。三島由紀夫は日本がアメリカの従属下に置かれていることを批判していたはずなのに、今の日本会議はYP体制を内面化してしまっているようにしか見えません。

横山さんは日本会議の思想についてどのようにご覧になっていますか。

横山　僕は保守と呼ばれるグループが目指しているもの、彼らが守り保とうとしているものは、「戦後の日本」だと思っているんです。戦後の日本の背景にはやはりアメリカという国が存在するんですが、彼らはアメリカ型の大国主義的なるものを保守しようとしているように見えます。それは、彼らが日本を西洋的な枠組みの中で捉え、その中で強い日本を作りたいという感覚を持っているからだと思います。

しかし、僕はこうした考え方は間違っていると思うんです。日本は地政学的に西洋と東洋の中間、おわりとはじまりに位置しています。だから、西洋的な枠組みにとらわれず、独自の政治や外交、思想などを発信していくことができると思うんです。そこに立ち返ることが本来の姿ではないかというのが、僕の右翼としての基準です。

菅野　僕もそれがあるべき姿だと思います。僕が理解できないのは、日本会議が自分たちの変節をどうやって納得しているのかということなんです。彼らもかつてはアメリカを批判していたはずなのに、今ではアメリカ寄りの主張を行うことに何のためらいも感じていません。僕は日本会議がアメリカに操られているとは思いませんが、そこは不思議だなと思いますね。

横山　それはある種、日本人のメンタリティなんじゃないかなと思います。例えば、戦後の日本について言えば、日本経済はアメリカに軍事力を委ねることで発展してきたわけですよね。その経済発展も、親方日の丸という体質によって支えられてきました。つまり、戦後の日本では、体制の中に組み込まれてさえいれば生きていくことができたんですよ。

菅野　確かに日本人は体制に従いがちですね。

横山　だから日本会議の人たちも、体制の中に組み込まれてそれらしいことを言っているにすぎないんですよ。そして、そのようなことをしているうちに、自分たちには力があると勘違いするようになったのだと思います。

靖国神社を私物化する日本会議

横山　僕はそのことを今年の8月15日に実感したんです。僕は8月15日に限らず、毎月1日と15日に氏神様と崇敬の神社にお参りしているんですが、8月15日に靖国神社にお参りをし、そのあと仲間たちと茶店でお茶を飲んでいました。それで、帰ろうと参道を歩いていた時に、「青年フォーラム」というイベントが始まったんです。

菅野　日本青年協議会が主催しているイベントですね。正午の黙祷が終わった頃から行われています。

横山　すると、それに関わっている人たちから「そこをどいて向こうを歩いて」と言われたんですよ。僕の中では、袞竜《こんりょう》の袖に隠れてと言うか、特権を振りかざしているようにしか見えませんでした。自分たちが権力を持っていると勘違いしているから、ああいう振る舞いをしてしまうわけですよ。

菅野　そうですね。彼らは参道の真ん中を占拠してイベントを行っているので、一般の参拝者たちが参道を歩けなくなっています。しかも、おっしゃるように、そこで立ち止まろうものなら「動いて」と怒鳴りつけてくる始末です。

8月15日には他にもいくつかイベントが開催されています。午前中には日本会議と「英霊にこたえる会」の共同開催で、「戦歿者追悼中央国民集会」という集会が行われています。これは年々設備が充実されていて、一昨年頃からは霧の噴き出るクーラーまで常設されるようになったんです。これも参道の真ん中で行われているから、一般の参拝者たちにとっては迷惑な話です。

ただ、英霊にこたえる会は１９７０年代まで、靖国神社と国家の結びつきを再構築すべく靖国神社国家護持法制定運動に取り組んできました。彼らは日本遺族会の政治運動団体なので、旧軍のメンバーの流れをくんでいるんだという自負心もあろうかと思います。だから僕は、英霊にこたえる会がやっていることについては、納得できなくもないなと思っていたんです。

横山　それぞれの思いは理解するが、許してはいけないんじゃないか。

菅野　おっしゃる通りです。そういう意味では僕は英霊にこたえる会に甘いところがあったんですが、日本青年協議会は縁もゆかりもないのだから言語道断です。

横山　ご遺族の方々の中には高齢のため車いすで来られている方もいるのに、彼らは何とも思っていないんでしょうね。

菅野　そうだと思います。彼らは靖国神社を私物化しているんです。実際、8月15日に靖国神社の境内で物販しているのは、茶店や靖国神社付随の施設を除けば、おそらく日本会議だけです。彼らは自分たちの機関誌や出版物を当然のように売っていますから。

それから、彼らは靖国神社の外でも活動していますよね。8月15日に九段下駅から靖国神社までの間でビラを配ったり署名活動をしているのは、キリストの幕屋とか佛所護念会とか幸福の科学とか、ほぼほぼ宗教団体です。幸福の科学は別ですけれども、彼らの多くは日本会議に属しています。

しかし、あれが本当に靖国神社にふさわしい態度なのか、疑問に思わざるを得ません。一体何のために靖国神社に来ているのかということです。

横山　そうですね。それは靖国神社にコスプレして来る人たちにも言えることですね。

菅野　軍人の格好をしてくる人たちはここ数年で増えましたね。あれはコスプレとしか言いようがない。

横山　お祭りに来ているような態度です。そもそも8月15日は靖国神社にとっては大きな意味を持つ日ではありません。ただ、日本人の中にはお盆という感覚があるし、神道的に言えば御霊祭りもあります。だから8月15日に靖国神社にお参りしようという感覚はわかるのですが、なぜコスプレをする必要があるのかということです。

菅野　おっしゃる通りです。そして、彼らはなぜか音程のずれた「海行かば」や「同期の桜」を歌っています。

横山　それからこれは僕も身内として考えなければならないのだけれども、8月15日には街宣車が軍歌を流しながらやってきます。本来、静謐《せいひつ》が守られるべき靖国神社が、このような喧騒に取り巻かれることをよしとしていいのかという自問自答は、かなり前から持っているんですけどね。

「年金右翼」「年金左翼」は運動から去れ

菅野　靖国神社の参道を占拠したり境内で自分たちの機関誌を売ることは、客観的に見ればおかしなことです。だけど、日本会議からすれば、「自分たちの主張は世の中の常識なんだから、一体何が悪いんだ」ということになるわけです。僕はそこが日本会議の気持ち悪さだと思っています。

横山　それはよくわかります。これは僕自身の反省でもあるんですが、若くして右翼団体に所属し、演説でそれらしいことをしゃべっていました。すると、「自分の言論こそが正しいんだ」という勘違いをしてしまうんですよ。でも、周りから見たら気持ち悪くて仕方がないわけですね。僕自身、年を経て色んな運動を経験してきた中で過去を振り返った時に、あの時の傲慢《ごうまん》さというものが、今の日本会議の気持ち悪さに通じると思います。

菅野　その気持ち悪さを持ったまま白髪が生えて腰が曲がりつつあるのが、日本会議事務総長の椛島有三さんとか、日本会議の中枢メンバーですね。

横山　僕は椛島さんという人物を知らないけれども、これは団塊の世代に通じる問題だと思うんです。僕の中では、彼らもまた大いなる勘違いの中で過ごしてきた人たちだという感覚があります。

菅野さんは日本会議のことを「日本のおっさん会議」と言っていますよね。あれは非常に面白いなと思ったんですが、僕は「年金右翼」「年金左翼」という言い方をしているんです。右翼運動や左翼運動をしている団塊の世代の人たちの中には、かつて運動していたけれども、ある時期に運動をやめて就職し、定年になったので再び戻ってきたという人たちがいます。彼らは年金ももらうようになって余裕ができたからということで、また運動に参加し始めたんです。

だけど、運動をやめて就職したということは、思想に見切りをつけて体制に組み込まれたということですよ。そうであれば、もう運動に戻ってくるなと思うんです。時間ができたから現場に戻ってきたなんていうのは、僕に言わせれば当時の同志に対する裏切りですよ。三島由紀夫さんや森田必勝さんが自決されるということがあったのに、そういうことに対して負い目を感じないのかなと思うんです。

菅野　しかも、彼らの主張は、難しい言葉を使っているかもしれないけれども、内容は居酒屋でおっさんたちがしゃべっていることと変わらないし、思想的な深みも全くありません。

横山　本を読めば色々思想を並べ立てることはできるんだろうけど、やっぱり仁義の問題がありますよね。自分たちが体制だと勘違いしているから、平気でそういう振る舞いができるんですよ。

菅野　これは横山さんの前だから正直に言いますけども、僕は『日本会議の研究』を上梓したあとに、色々な人から「なぜ日本会議について書こうと思ったんですか」と聞かれました。その度に色々な答え方をしていたんですが、僕が生長の家を軸足に置いて日本会議について書こうと思った最大の理由は、楯の会の古賀浩靖さんの存在なんです。古賀さんがマンションのＣＭに出ているのを見て、「本当にこれでいいのだろうか」と違和感を持ったんです。

横山　僕は楯の会以降ずっと浪人をしている方も知っているし、ある種覚悟を決めて事件を起こした『月刊日本』論説委員の山浦さんも知っていますから、体制に組み込まれてしまうことについては思うところがありますね。

菅野　「何か違うよな」「こうじゃないよな」という違和感を覚えます。

横山　僕は最近「違和感」とか「気持ち悪い」という言葉を使わないようにしようと思っているんだけど、それでもやっぱり違和感と言ってしまいますね。

戦後の左翼運動へのアンチテーゼ

横山　そういう点から考えると、日本会議は、自分たちが体制だと勘違いしている団塊の世代を中心に構成されているのだろうと思います。だから、僕は日本会議の力は決して大きくないと見ているんです。彼らは要するに、戦後の左翼運動に対するアンチなんですよ。

菅野　僕もそう思います。それは安倍政権にも言えることだと思います。安倍政権も日本会議と同じように、左翼とリベラルを一緒くたにしたレフトへのアンチテーゼでしかないような気がするんです。

そんなしょうもない政権が絶大な力を持つようになったのは、レフトがあまりにもふがいないからだと思います。これは山崎拓さんが言っていたことですが、安倍政権が長期政権になったのは安倍晋三がすごいからではなく、民主党政権が失敗したからだと。民主党が失敗したから自民党に対する信頼感が増して、自民党がやることなら何でもＯＫという情勢になってしまった。だから、仮に麻生政権だったとしても、あるいは岸田政権だったとしても、長期政権になっていたんだと。

横山　それが大きいでしょうね。

菅野　だから、山が動いたとか、有権者の考え方ががらっと変わったということではないんですね。有権者たちが「左ってふがいないな」という印象を持つようになったというだけで、「右はすごい」とか「右に行こう」という判断を示したわけではないと思います。

横山　そうですね。現実問題として、民主党には政権を担う能力がありませんでした。今回（２０１６年７月）の参議院選挙でも、彼らは自分たちが目指すものを掲げるのではなく、与党に議席の３分の２をとらせないという、あなたたちは本当に政権を担う気があるのかと思わせるような戦略をとっていました。それはやっぱり選択ミスだったと思いますね。

菅野　そういう情勢の中で、横山さんがおっしゃるようにそれほど力のない日本会議が相対的に浮上してきちゃったというのが僕の見方です。

横山　そう思いますね。ただ、先ほどの青年フォーラムもそうですが、彼らの運動手法自体はある意味ですごいなと思います。

　例えば、かつての安保闘争では、左翼学生運動は国会を取り囲むほどの力を持っていたのに、いつの間にか消滅してしまった。今回の安保法制でも、ＳＥＡＬＤｓが世論を形成していこうとしていたけれども、やっぱり発展性が見いだせなくて解散ということになった。

　その中で、日本会議や彼らの学生組織はきちんと運営されていますよね。ボランティアの学生たちもたくさんいます。もちろん彼らは何もわからず大きな枠組の中に入ることで満足しているだけなんだけども、組織力や運動手法は長けていると思います。

菅野　まさにそうですね。彼らには40年間にわたる運動の蓄積があります。内部告発者の話を聞くと、「もうおじいさんたちの運動には飽きてきた」みたいなことを言っている人もいるんですけど、体制に入るだけで満足するという人たちは、とりわけ若い人たちの中にたくさんいます。

靖国神社のあり方を考える

菅野　僕は、日本会議や安倍政権の現状を見ていると、横山さんが祈願詞の中で指摘されていた「本を正さず」という言葉の重みを感じざるを得ません。彼らにこれ以上好き放題させないためにも、今こそ本を正さなければならないと思うんです。

例えば、先ほどあがった靖国神社について言えば、僕のように尻の青い者が言うのは畏れ多いことですが、最も重要なのは8月15日および春季と秋季の例大祭に天皇陛下にご親拝していただくことだと思います。これこそ本を正すということではないかと思うんです。だけど、春季と秋季の例大祭は辛うじて静謐が保たれていますが、8月15日には喧騒が続いています。あのような状態が続く限り、靖国神社の性格がどうなろうと、あるいはA級戦犯の合祀がどうなろうと、ご親拝など望むべくもないと思います。

横山　そうですね。それに関してはもう一点あって、これはあくまでも内政の問題なんですけれども、中国や韓国が政治的な問題だと言い続ける限り、実現はしませんね。

菅野　これは横山さんと議論になってしまうところかもしれませんが、昭和天皇のお言葉を読んでいくと、A級戦犯合祀に反対する近隣諸国の声に敏感に反応されたことは拝察できます。ただ、時系列的に見ると、靖国神社国家護持法が廃案になったことが昭和天皇のあの決断を促されたような気がするんです。

靖国神社国家護持法には、憲法の政教分離原則に抵触しないように、靖国神社の法人格を宗教法人から特殊法人に変更し、慰霊行事の宗教性を薄めるという条件がつけられていました。つまり、靖国神社を非宗教化して、特殊法人として国家が支えていこうとしたわけです。しかし、これは宗教界からの反発もあり、結局のところ廃案となりました。

僕としては、靖国神社国家護持法の通り、靖国神社を非宗教化して追悼施設として国家が護持していくことが、天皇陛下のご親拝のために必要なんじゃないかと思っているんです。この問題の方が、A級戦犯や歴史認識問題よりもずっと大きいと思うんです。

横山　靖国神社を宗教的施設と捉えるか国家的施設と捉えるかというのは、我々の中でもずっと議論していることなんです。靖国神社は今は一宗教法人なんだけれども、合祀する基準は国と深い関わりを持たざるを得ません。その矛盾の中で靖国神社が存続していくためにはどうあるべきかということは、本当に頭の痛い問題だと思います。

ただ、靖国神社を非宗教化すると、それは果たして慰霊のための施設なのかということになってしまうと思うんですよ。


菅野　国の命令のもとに亡くなった人を国家が慰霊し続けるのは、国家として当然の責務だと思います。これは内国的な問題であって、諸外国の注文を受ける筋合いがないことは明らかです。しかしながら、その慰霊を神式でやることの是非という問題はあるんじゃないかと思うんです。靖国神社だけは政教一致でいいんだというのは、近代国家である限り通らない理屈ですから。

そう考えた時、僕は警察や消防の慰霊の形が一つのモデルになるんじゃないかと思っています。これは欺瞞に満ちているかもしれませんが、消防の慰霊施設は神社の形をしているんです。鳥居ではないんですが、神社の形なんです。

それから、アメリカのアーリントン墓地も参考になると思います。アーリントン墓地は無宗教ではなく、多宗教です。アーリントン墓地にはイスラム教や創価学会のお墓もありますし、お墓を認めない宗教のために細かい文字で死者の名前だけ列挙した石板も置いてあります。その人の宗教に合わせるというのが一つの筋かなと思います。

「戦死者」をどのように慰霊すべきか

横山　そういう意味で言うと、靖国神社も決して画一的ではないんです。僕の仲間に真言宗護国派の僧侶がいるんですが、彼らの願目の第一義は玉体安穏です。それで、僕は彼に誘われて一緒に靖国神社に参拝したことがあるんですが、その時は靖国神社側も色々配慮してくれて、拝殿で般若心教をあげさせてくれたんです。仏教徒の英霊もいるという考え方ですね。

ただ、本殿では神道の儀礼に則って、玉串を奉って二礼二拍手をしたんです。靖国神社には祭祀の決まり事がありますから、そこは厳重に守られているわけです。だから、かつて中曽根康弘がお祓いを受けずに正式参拝しようとした時も、神社側は白い幕を立てて中曽根に見えないところでお祓いをしたわけです。あるいは、小泉純一郎が拝殿前でポケットからお賽銭を出そうが、それは許容するということになるんですね。

菅野　あとは本人の内面の問題ということですね。

横山　そうです。ただし、それをよしとしないご遺族がいることも事実です。

それから政教分離に関して言いますと、昭和52年に最高裁が津地鎮祭訴訟（三重県津市が公金を支出して地鎮祭を行ったことについて、政教分離の原則に反するかどうかが争われた裁判）の判決を出しましたよね。そこでいわゆる目的効果基準というものが示されて、政教分離原則を貫こうとすると宗教系の私立学校に私学助成を行うことができなくなるなどの問題が生じるので、目的と効果にかんがみて判断するということになりました。これを踏まえれば、総理大臣の資格であろうと、靖国に参拝することは今のところ法的には問題ないと思います。

菅野　ただ、そこでは想定されていなかった問題が安保法制で出てきちゃったわけですね。つまり、自衛隊の方が亡くなる可能性が出てきた。

横山　そうですね。

菅野　靖国神社がそれにどう対応するかという問題があります。

横山　靖国神社自身は対応できないでしょう。自衛隊員が戦死したとする場合、慰霊の形をどうするかというのはすごく難しい問題です。もし靖国神社の慰霊の形と安保法制以降の慰霊の形が違うとなれば、それでは国家が違うのかという議論になってしまいます。

菅野　おっしゃる通りです。市ヶ谷にも慰霊碑はありますけど、慰霊碑があそこに一本化されるとすれば、靖国神社に祀られている人たちと市ヶ谷に祀られている人たちには連続性がないのかという話になってしまいます。

これは決して現実離れした話ではありません。南スーダンに自衛隊が派遣されていることを考えると、ひょっとしたら明日にでも戦死者が出るかもしれません。そのようなことが起きてしまった場合、安倍政権は一体どうやって対応する気なのか、全く見えてきません。

横山　駆けつけ警護なんてやれば一瞬で的にされますからね。

菅野　現行憲法がどうであれ、我々はすでに自衛隊の人たちを死地に赴かせていて、しかも彼らが亡くなった場合にどう扱うかという議論もせずに「死んでこい」と言っているわけです。これはすごく醜悪なことだと思います。

横山　そうですね。三島由紀夫さんも言っているように、自衛隊は「護憲の軍隊」で「外国の傭兵」なんだけれども、現場に行く自衛隊員は軍人だから命令に従うんですよ。でも、もし亡くなってしまったとしても、何の名誉もないし、外国に出張して事故死したような扱いをされてしまいます。僕には政府がどこまで議論しているのかはわからないけれども、現状を見れば何も議論していないと考えざるを得ないところはあります。

護憲派も改憲派も現実逃避している

菅野　それから、憲法についても本を正さなければならないと思います。広い意味での保守派の中には、憲法改正について、９条2項さえ変えればそれでいいんだと考えている人がたくさんいます。僕はこの前大阪のテレビ局の取材を受けたのですが、その番組には淡路島の神社の宮司さんも出演されていて、「せめて前文だけでも変えたい。それさえできれば満足だ」みたいなご意見でした。

だけど、僕にはそんなものに一体何の意味があるのか理解できません。確かに憲法改正は必要条件かもしれませんが、決して十分条件ではありません。いくら改正したところで、それがアメリカの意図に沿ったものなら何の意味もないわけですから。

ところが、彼らは改正さえすればそれで全て終わりであるかのように考えてしまっていて、改正自体が自己目的化してしまっているんですよ。

横山　そうですね。僕の中には憲法を改正せずに過ごしてきた70年を一度終わらせないことには次が始まらないという感覚があるのですが、改正さえすればいいというものではないというのはその通りだと思います。

特に9条の問題に絞って言えば、護憲派も改憲派も綺麗事に終始してしまっていて、まともな議論が行われていません。例えば、護憲派の中には軍隊を持てば戦争が起きるという議論がありますが、それはちょっと現実から逃げていますよね。軍隊があるから戦争が起きるというのは被害妄想でしかなくて、軍隊があるから戦争を回避できているという面もあります。彼らはそういう事実を見ないふりしています。

菅野　おっしゃる通りです。他方、改憲派も9条さえ改正すればいいと言っているけれども、9条を変えれば直ちに外交的なプレゼンスが上がるわけでも、国防力が上がるわけでもない。彼らもある意味でリアリティから逃げています。

横山　逃げていますね。

菅野　一方は「9条さえ守れば平和を維持できる」と主張し、他方は「9条さえ変えれば強くなれる」と主張するといったように、日本ではリアリティのない議論が繰り広げられています。それで一番喜んでいるのは誰かと言えば、僕はアメリカだと思います。

横山　その通り。

菅野　だから今の保守も左翼も、アメリカからすれば非常に便利な存在なんですよ。彼らのような議論をどれほど続けても、アメリカの存在を脅かすことにはなりませんからね。

もしこれが例えば自衛隊法を改正して連隊長クラスに生殺与奪権を与えるとか、あるいは憲法を改正して軍法会議を開けるようにするとか、そうしたリアリティのある議論であれば、アメリカは非常に困るはずです。

横山　アメリカには大東亜戦争以来、日本に対するトラウマがありますからね。日本が現実的に自主独立の方向に進むような議論を行えば、彼らは大変な脅威を感じると思います。

菅野　安保法制はそれとは真逆ですね。

横山　安保法制は一見力強い議論なんだけども、現実には自衛隊の人たちを本当に馬鹿にした議論ですよ。軍人としての地位の保証がない人たちを、アメリカの要請のまま戦争に駆り出そうとしているわけですから。僕はその軽さがどうにも我慢できないんです。

菅野　植民地の総督みたいに、宗主国から言われたからやっているという感じですね。上からの指示は絶対で、理屈はあとからついてくる、みたいな。そのお先棒を担いで「啓蒙活動」している文化人たちを見ていくと、やっぱり日本会議の人たちなんですよ。

奇妙きてれつな自民党改憲草案

菅野　もちろん僕は憲法改正に反対するつもりはありません。だけど、自民党が発表している改憲草案を見ると、とても賛成する気にはなれませんね。

横山　僕はこの5年くらい仲間内で憲法勉強会をやっていて、大日本帝国憲法や現行憲法、それから自民党も含めた色んな組織の憲法草案を勉強しているんです。ただ、僕はどれもぴんと来ないですね。

菅野　全く同感です。これは変な言い方ですが、日本の憲法の歴史について何も知らない外国の憲法学者を連れてきて、帝国憲法と現行憲法と自民党憲法草案を読ませ、「これらを時代順に並べてください」と言ったら、おそらく自民党憲法草案が一番古い憲法だと判断すると思います。それくらい自民党憲法草案は奇妙きてれつなものです。

僕自身は、帝国憲法の方が自民党憲法草案よりも優れていると思っているんです。というのも、帝国憲法からは「日本は近代国家にならなければならない」という意思が感じ取れるからです。あの憲法を作った人たちには、条文がどうであれ、その点についてコンセンサスはあったはずなんです。

横山　そうですね。それまで憲法という概念を持ち合わせていなかった人たちが、近代国家を目指すにあたって、一生懸命勉強されたことは事実ですよね。

菅野　それに対して、自民党の憲法草案からはそうした意思が全く感じ取れません。これはすごく日本会議の思想と似ているんです。僕は自民党の憲法草案を日本会議が作ったとは思いませんが、結果として日本会議の路線になっているのは否定できないと思います。

それは、自民党憲法草案が現行憲法24条を改正しようとしているところからもわかります。憲法24条には「婚姻は、両性の合意のみに基いて成立し、夫婦が同等の権利を有することを基本として、相互の協力により、維持されなければならない」と定められています。日本会議はこの「両性の合意のみ」という文言を目の敵にしていて、とにかく24条を批判しているんです。

最近の例で言えば、『正論』（2016年4月号）の「論客58人に聞く　初の憲法改正へ、これが焦点だ」という特集です。この特集では論者に対して、「これだけは何としても改正すべきだという条文を一つだけあげてください」という質問が出されています。

それに対して、多くの論者たちは「答えられない」としているんです。「現行憲法には問題点がたくさんあるのだから、改正すべき点を一つだけあげろというのは無理だ」ということです。

次に多かったのは9条2項を改正すべきだという意見です。ここまではわかります。ところが、僕は恐ろしいなと思ったんですが、日本会議のイデオローグである高橋史朗は24条を改正すべきだと言っているんですよ。彼は「両性の合意」を「両家の合意」という形に改正しない限り、日本の風紀の紊乱《びんらん》は収まらないと考えているんですよ。

横山　それは差別主義だね。

菅野　おっしゃる通りです。この特集には日本会議の百地章も出ていて、緊急事態条項の創設を先行させるべきだと言っています。これは安倍政権も必死になってやろうとしていますよね。そこから考えると、憲法改正の流れは、まず緊急事態条項を創設し、次に24条を改正するということになるんじゃないかと思うんですね。

横山　僕自身も家や家族は大事だと思っています。日本には昔、家父長制がありましたよね。長男は家督を継いで親の面倒を死ぬまで見て、次男や三男は外に出て働く。今は家父長制は失われてしまっていますけど、家父長制が果たした役割は大きいと思います。最近では介護をめぐって色んな問題が起きていますが、家父長制ならばこうした事件はそう起きなかったんじゃないかと思うんです。

ただ、それを婚姻にまで広げてしまうのは、ちょっとおかしいですね。あからさまに差別を助長することになると思います。

菅野　確かに家父長制には合理的なところもあったと思います。戦前の家父長制では、資産を小分けせずに長男に相続させ、長男以外はみんな資本主義社会の中で働かせました。これは経済合理性にかなっています。それから、資産家の場合は、自分の資産を守るためにも家父長制をとった方がいいわけですから。

ただ、もしそれを今の世の中でやろうとするならば、それは個人個人が自分の判断でやるべきだと思うんです。他人に強制するような話ではありません。高橋史朗はそれを憲法に書き込むべきだと言っているわけですから、異様だと言わざるを得ません。

日本会議がこうした議論をするのは、女性の人権を抑圧したいという欲求が強いからだと思います。彼らは夫婦別姓や男女共同参画にも反対していますし、とにかく弱い人を支配しようという欲求が強いんですよ。

横山　僕の中では平等というのは幻想にすぎないと思っているんです。だけど、誰しも同じく尊ばれなければいけないと思うので、男女平等ではなくて男女同尊なんです。ですから、今の時代では、男性が優位であるという日本会議的な考え方は淘汰《とうた》されるんじゃないかと思いますが。

菅野　いや、それが結構人気が高いんですよ。それこそ横山さんがおっしゃる年金右翼や年金左翼の中でも人気なんですよ。年金左翼も一応リベラルであるはずなんですが、男尊女卑という点ではそれほど日本会議と変わらないんです。

横山　そうすると、今の流れはすごく極端になってきているということですね。家族の合意による婚姻も行きすぎだし、それからＬＧＢＴの問題も行きすぎになっていますよね。僕はこの問題はあまり理解していないから発言は控えてきたんだけど、渋谷区が同性婚を認めましたよね。しかし、あれは逆差別の構造を生みかねないものだと思いますよ。

菅野　あの条例から取りこぼされる人たちもたくさんいますからね。僕はあの渋谷区の動きや、それをめぐる論争を揶揄《やゆ》して「ＬＧＢＴ祭り」と言っているんですが、あの動きの余波で、最近では役所の書類の性別欄に「その他」とつけるところが増えているんです。しかし、性別が「その他」って一体何なんだという話なんですよね。男女共同参画であるとかLGBTだと言うんであれば、筋論から言えば、性別欄そのものが必要ないという議論になるべきだと思います。ところが今の議論は変な方向に行っちゃっているんですよ。

横山　それに関連して言うと、僕は免許がないので身分証明書としてマイナンバーカードを作ったんです。このカードにはケースが付随されていて、このケースに入れるとカードに記載されている個人情報の一部が隠れるようになっているんです。隠れる個人情報の中には性別欄も入っているんですよ。こういう行きすぎた配慮がたくさんある気がしますね。

菅野　それが差別の解消につながっているかと言うと、決してそうではないですからね。結局のところ、ためにする議論にすぎないと思います。

SEALDsと従来の左翼の違い

横山　ただ、こうした憲法をめぐる議論は、年金右翼や年金左翼が力を持っている現状ではなかなかできませんよね。彼らが淘汰された時に初めて、まともな議論が始められるかなと思います。

菅野　そうですね。そういう点では、僕はＳＥＡＬＤｓのことを結構評価しているんです。彼らはまさに年金右翼や年金左翼とは対極の存在です。

　彼らの主張を聞いていると、彼らは明言はしていないけれども、自衛隊の海外派兵そのものには賛成しているんですよ。「今の日本を取り巻く安全保障環境を考えると、日本が米軍を主体とした集団的自衛権を持つことそのものには反対しようがない」ぐらいのことまで言っているんです。それから、彼らは「北朝鮮は危ない」「中国も何をするかわからない」という認識も持っています。要するに、昔の左翼のように、自衛隊があれば戦争になるとか、米軍は悪い軍隊で、ロシアや中国の兵隊さんは良い兵隊さんといった考えではないんです。

横山　それは理解できます。僕は新宿駅の東口で演説会をやっているんですが、安保法制反対運動が盛り上がっていた時期にＳＥＡＬＤｓの集会とよくバッティングしたんです。その時、彼らはおそらく警察から聞いたんでしょうけど、事前にメールをくれて、「時間の調整の打ち合わせをさせていただけませんか」と言ってきたんです。「それでは時間をシェアしましょう」ということになったのですが、これまでの左翼は僕たちの演説会に対してあからさまに妨害行為をやってきましたから、そこは大きな違いですね。

　実際、僕も彼らが集まっているところで演説をしたんですが、誹謗中傷もないし、あとでツイッターを見ると「右翼も結構まともなことを言っているんだ」といった反応でした。だから、これは右翼にとっても大事なことですが、教条的になるのではなく現実を踏まえつつ対話をしていくということが課題になると思います。

菅野　そう思います。それからＳＥＡＬＤｓは憲法改正そのものも認めているんです。彼らが言っているのは、「自衛隊を海外派兵するなら憲法を改正した上でやれ」ということです。

横山　今の菅野さんのお話を聞いていると、僕は彼らとなら沖縄の問題についても対話ができると思います。左翼の中には、憲法9条があるからこそ沖縄に米軍基地が集中しているという事実を完全に見ないふりしている人たちがいますよね。そういう事実を無視して、「9条を守れ」「安保反対」と主張している凝り固まった人たちとは話ができないですね。

菅野　沖縄の基地問題にはさらに差別の問題も絡んできますね。

横山　それは大きいと思います。ただ、差別について言うと、本土と沖縄の差別関係もあるし、沖縄本島と他の島々の差別関係もあります。こうした差別については、沖縄の人たちも口をつぐんでしまうところがありますよね。

菅野　さらに言えば、アメリカと日本の差別関係もあります。そういう意味では、憲法9条が沖縄に基地を集中させたということを見ずに米軍基地を絶対悪とする左翼と、差別という問題を無視して沖縄に極端なまでに米軍基地が集中していることを地政学的な理由から是としてしまういわゆる保守、両方共に問題があります。

差別問題との向き合い方

菅野　先ほどＳＥＡＬＤｓの学生たちが「右翼も結構まともだ」と言っていたというお話がありましたが、それは横山さんが相手だったからというところが大きいと思います。ＳＥＡＬＤｓの学生たちは横山さんと連絡をとろうと思った際に、横山さんが社主をやられている「國の子評論社」とは一体何だろうと思って、國の子評論社のＨＰを見たと思うんです。すると、ＨＰのトップにマルコムＸが出てくるわけですよね。それで、これは自分たちが考えていた右翼とは少し違うなと思ったんじゃないかという気がします。

僕もおうかがいしたいと思っていたのですが、なぜマルコムＸを掲げられているんですか。

横山　いや、実は僕が物事を考え始めるきっかけがマルコムＸだったんです。これはちょっと別の話なんですが、僕はアメリカのプロバスケットが好きで、かなり前から衛星放送受信の環境を整えてその試合を見ていたんです。最初は単純に試合を楽しんでいたんですが、その中でスーパースターも人種差別を受けているという実態が見えてきたんですね。

　例えば、バスケットにはポイントガードという司令塔がいるんですが、それがほとんどのチームで白人の選手なんですよ。あるいは、僕が見始めた頃は、ボストンのチームは、能力の高い選手がいるのに、ほとんど白人の選手しか使われていないんです。

　これは一体何だろうと思っている時に、スパイク・リーの映画「マルコムX」に出会ったんですね。マルコムXの映画の封切りに合わせて、マルコムXの自伝や関連本なども次々と出版されました。それで僕は差別について色々と考えるようになったんです。実際、日本にも同和問題があるし、在日の人たちに対する差別もありますよね。

　それから本を読むことが面白くなって色々と本を読んでいたんですが、ちょうどその頃に野村秋介さんが自決されたんですよ。僕はそのことを知ってびっくりしたんです。お金のためじゃなくて、何か人を諭すために死ぬ人がいるんだと思って。一体、野村秋介さんとはどういう人だったんだろう、と。それで野村さんの本を読んでみたんですが、野村さんも差別について書かれていたんですね。

菅野　新井将敬さんが選挙に出た際に、石原慎太郎陣営が新井さんの選挙ポスターに「北朝鮮から帰化」というシールを貼ったという事件がありましたけども、あの時に最初に立ち上がったのも野村先生でした。

横山　そこが僕にとっての転機だったんです。すいません、自分の話で。

菅野　いや、むしろそういうお話が聞きたかったんです。僕も差別問題は見落としてはならないものだと思っています。日本の近代化のあり方を考える上でも、とても重要な問題です。

日本は明治以降、不平等条約を解消するために、法整備をはじめ様々な近代化を進めてきました。だけど、現在の日本のあり方を見ていると、近代化がうまくいったとはとても思えません。特に人権の問題は今でもほとんど改善されていません。

これは僕がアメリカで5年も生活してしまったからというのもありますけど、アメリカの支配から脱却するためにも近代化は必要だと思うんです。アメリカが日本を隷属させている正当性はどこにあるかと言うと、それは日本が未だに人権さえ認められていない未開社会だからということです。

例えば、日米地位協定が差別的であるということは、ワシントンの人たちだってわかっています。それでも改定できないのは、人権認識がむちゃくちゃな日本の司法にアメリカ人を裁かせるわけにはいかないからです。

横山　そうでしょうね。

菅野　アメリカはある意味で、自国民を守るためには地位協定を守らざるを得ないんですよ。とすれば、地位協定を改正するためには、日本がまず近代をやんなきゃいけないというのが僕の思想的な根幹なんです。

僕が日本会議にこだわる理由もそこにあります。日本が近代化する上で最大の障害となっているのが、教条的な左翼と日本会議です。ただ、教条的な左翼はほぼいなくなっていますから、日本会議を標的にする必要があるなと。

横山　なるほど。よく理解できます。

天皇陛下を政治利用する百地章

――　最後に、8月8日に天皇陛下が表明された「おことば」についてうかがいたいと思います。これについて、憲法学者で日本会議とも関係の深い百地章氏が、沖縄タイムス（8月9日付）で「憲法が天皇の政治への関与を禁じている中で、陛下の言葉や考えそのままに政治が動いていいのかという疑問がある。仮に陛下が女性宮家や女系天皇を望まれたら、そのまま法改正につながってしまうのではないかと懸念する」と述べています。

菅野　僕は日本会議の関係者がこういう主張をするのではないかとツイッター上で予想していたのですが、彼らは皇室崇敬の念よりも女性蔑視の方が先に来るんです。彼らが皇室典範の改正に反対しているのも、女系論争が再燃する可能性があるからという、ただその一点だけなんですよ。

横山　僕個人は女性宮家創設や女系天皇については批判的です。ただ、今上陛下のおことばは、象徴として完全なるおつとめをされるためにはどうしたらいいのかというご苦労を表明されたものであり、それについて議論をしてほしいと言われたものだと思うんです。だから、おそらく新しい制度設計をしなければいけない時だと思います。ただし、その制度設計というのは、過去から決して断絶してはならないというのが僕の意見です。

その意味で言えば、百地さんの言っていることはピント外れです。それに、憲法に規定されているのだから天皇は政治的な発言はするなというのは、傲慢で悪意に満ちたすごく強い言葉だと思います。

菅野　しかも、百地章はそのような主張をする資格が絶対にない人間です。彼は憲法解釈を最大限に拡大して、安保法制は合憲だと言い張っている憲法学者ですよ。安保法制を合憲だと言っている人間が、今回の天皇陛下のおことばは違憲だと言っているわけですから、それが理屈として合っているか間違っているか以前に、少なくとも「お前が言うな」という話です。

横山　皇室のあり方を変えようという動きがあることは事実だと思います。ただ、百地さんはここで、天皇陛下が女系天皇や女性宮家創設を望まれたらという仮定のもとに発言しているわけですよね。そういう憶測に基づいて発言するというのは非常に問題だと思います。

菅野　そう思います。彼は表向きは憲法学者としての意見を示しているように見えて、実際には自分の言いたいことを言っているだけです。これは憲法学者の意見というよりも、運動家の意見ですよ。

メディア側としては、百地が比較憲法学会の理事長などを歴任したということもあって話を聞きにいったんだろうけど、日本の憲法学会も百地のような人間を理事長に据えるようではダメですね。これでは天皇陛下のおことばを政治利用しているのは一体どちらだということです。

横山　学者の論に心情を入れてはいけないのかもしれないけど、ちょっと異様ですね。

菅野　これは許しがたい議論です。徹底的に批判していきたいと思います。

＊祈願詞

かけまくもかしこき大楠公・楠正成公、御舎弟・正季公、嫡男小楠公・正行公、並びに楠氏一門一統の、あまたの御霊の御前に、慎み、敬い、畏こみて、祈願詞を奏上し奉ります。

大楠公、湊川に斃れし時より、六八〇年の歳月を数える時となりました。

大楠公はかつて「合戦の習いにて候へば、一旦の勝ち負けをば、必ずしも御覧ぜらる、べからず」と　後醍醐天皇に奉答されています。

我々はしかし、七十年前の欧米列強の支配的野望に対する、自存自衛・東亜解放のみ戦に敗れたまま、いまなお祖国が、その戦勝国の意のままに操られている現状に甘んじるばかり。このありさまを大楠公はどのように御覧ぜられるか。はなはだ恐懼するばかりです。

大楠公は、赤坂城に死せず、千早城に死せず、ただ湊川に死すとも、そこには、さらなるいくさを継承する子・正行公がありました。

その道統は、楠公精神をただ一つの道とする多くの先人らによって継承され、時々の艱難を乗り越え果敢に戦われ、楠公とともに永遠不滅となってきました。

一旦の敗北によって、武の魂を放棄させられ、近隣国の横暴の前に、なすすべなくたたずむいま、あらためて、発露すべき楠公精神とはいかなるものであるのか、大楠公の御霊の御前で、参列者一同の思いを新たにいたしたく思います。

大楠公を敬仰する我々が、任じて立つとはいかなることであるのか。

いま、為政者は憲法に規定されない「護憲の軍隊」を、同盟国といわれる他国の軍隊の傭兵として、差し出す準備を固めました。自らが求める「憲法改正」を「解釈」と、「新たなる法制化」という手段によって、まさに、本を正さず末に走る姑息な手段で、後世にまで禍根を残す、愚かな結末を招来させようとしています。

国防を担おうとする高い志を抱きながらも、新たなる残虐な爆弾をもって無辜の同胞を大虐殺した国の傭兵となる者にたいし、政府はその忠義の対象に何を見いだせと考えているのか。大義も名誉もなきところに、命を捧げることとは、虚しきことであります。

数日後には、米国の大統領が広島を訪問するといわれています。大虐殺の責任ではなく、謝罪でもなく、ただ残虐な爆弾・原爆を使用した道義的責任に言及するだけという傲慢さに体中の血が沸騰する思いです。被爆者をはじめ、あまたの戦歿者のまえに、この不遜は許されるべきものではありません。

道義的責任とはなにか。慰霊とはなにか。

今上陛下におかれましては　先帝陛下の御心を我がものとされながら、懇ろに慰霊をお続けになられ、本年は御身をかえりみることなくフィリピンへと行幸あそばされました。

乾季であるにもかかわらず、雨が降り続けるなか、陛下はカリラヤの日本軍慰霊碑に行幸あそばされました。しかし、供花の時となると、一瞬にして雨雲が晴れ太陽が燦々と照りつけました。

英霊たちが、天の八重雲をいつのちわきにちわきて、陛下のおそばに駆けよられる姿が、ありありと眼裏に浮かびました。

御日様の、御子孫様の天子様。その尊いお姿を拝すばかりのわれは、いまこそ真姿日本恢復のための、その忠義の発露をあらためて、大楠公・楠氏一統に連なる決意を新たにいたしております。

ときどきに移ろいゆく政治とは真逆である　天皇国日本の永遠無窮の命の前で、常に若々しく、清々しくありなんと願いながらも、限りある我らの命は、使命を持つことによってのみ　天皇国日本にお返しできるものであると考えます。

尊皇絶対・生命奉還・神州恢復・朝敵撃滅の誓願の意を、われわれは、天皇への忠義に生きた大楠公の御前で、おそれながら問い続けます。

大楠公の忠義の道　尊皇ひと筋の道　そのほかに道はなし

それはまさに、大楠公・赤坂城の戦い、天王寺における戦法、千早城の戦いであり、最後には、それらとは真逆でありながらも、決意のもとに出陣した湊川の戦いであったと確信いたします。これらすべてが「尊皇絶対」の精神の精華であり、「生命奉還」を現代の我々が継承すべき唯一の道であると考えます。

故郷・水戸の会澤正志斎大人は、水戸光圀公の命日と同様に、五月二十五日、この日を「貴賤とはなく、この日にあっては、ことに同志の友を求めて、相共に義を励まし、その身の時、所、位にしたがって、国家に忠を尽くさんことを、談論思慮して、風教の万一を助け奉るべきなり」と申されています。

大東亜のみ戦において、人間魚雷回天の旗艦に記された紋章は、大楠公の掲げし菊水の紋章でありました。回天訓練中に殉職された黒木海軍少佐はその号を「慕楠」楠を慕うとされていました。身ひとつを爆弾として敵艦に体当たりせしめた特攻隊員の頭に巻かれし鉢巻きには、大楠公が御舎弟・正季公とともに「罪業深き悪念なれども…」とカラカラと笑い誓い合った「七生報国」がそのままに記されておりました。特攻隊出撃の地・鹿児島知覧の飛行場には「非理法権天」の幟旗が掲げられていました。

すべてが、大楠公に連なることによって、大楠公とともに不滅となられました。

この楠公祭を厳修されてこられた中村武彦先生がお示し下さった「父子相承の楠公精神」「大楠公にはなれずとも、小楠公を目指し精進せよ」とは、「正成すでに討ち死にすと聞きなば、天下は必ず高氏の世になりぬと心得べし」という父から子への使命の継承であり、また大楠公が「帝に一命を賭した忠臣第一の人」と讃えた菊池武時公は、鎮西探題合戦の戦死に臨み、嫡男・武重公を故郷に帰しました。その意は「汝おば天下のために留むるぞ」というものでありました。

これはひとり楠公父子、菊池父子のみならず、それらを父祖とし、中村武彦に学ぶ我らが、必ず継承するべき御事跡であります。

乃木大将もまた、大君のみことを畏こみ、おなじ戦場においてお二人の吾子を失われました。そしてご自身もまた、ご夫人と共に、明治天皇の崩御に殉じられました。乃木大将一統もまた、まさに　後醍醐天皇への忠義に生きられた楠氏一統につらなり、黙々と臣下の道に生き死にされたものでありました。

乃木大将が忠義を尽くされた　明治天皇が、

子わかれの　松のしづくに袖ぬれて　昔をしのぶ　さくらいの里

と、大楠公を偲ぶ御製を残されていますこと、まことに感激・感涙を禁じ得ません。大楠公に連なる偉大なご事跡の前に、我々は襟をただし、大楠公いまにありせばの思いと、正成一人の気概、そして大楠公から小楠公につらなる、父子相承の尊皇の道を、ひと筋に歩まんと誓います。

正成一人の気概とは、必ず湊川のあることを自覚すること。忠義の道は死ありて他なし。この自覚者たること。

今日、大楠公をお祀りするとは、すべからくその忠義、尊皇絶対の、ひと筋のまことの心にならうことであると確信します。

これまで、この日、この時をいつにして、熊本は天草島にて楠公祭を厳修されてきた大野康孝大人命がこの五月二日、神上がられました。日々懸命の神明奉仕とともに、みそぎを通じて我らに道を示して下さった勤皇の人は、困難のたびに、七度ならぬ、とたびもそれを克服しながら、神に仕え続けられました。その大人命の使命、勤皇の志もまた、それを継ぐ子息につながれています。

いま、日々の営みに貧し、また病に右往左往し、生きることへ懊悩することもまた、大楠公の義のまえには、ささいなことであると思い定め、大楠公とともに、不滅となりうるための試練を乗り越え、邁進することを誓願いたします。

こい願わくば、楠氏一統、またそれにつらなる、偉大なる先人の英知と果断なる戦闘力、実力を、本日ここに集いし、相共に義を励ます我らに授け給え、導き給えと祈願いたします。

おそれながら　すめらみことの　大御心に照らし通して　つつしみ畏みて申し上げます。

第四章　運動としての日本会議

対談者　魚住昭

全ての始まりは『証言　村上正邦』

菅野　僕が日本会議について調査を始めたのは、魚住さんが村上正邦さんにインタビューしてまとめられた『証言　村上正邦』を読んだことがきっかけの一つです。全ての出発点は、魚住さんがあの本のあとがきに書かれていた「一群の人々」という言葉でした。魚住さんは、この「一群の人々」が従軍慰安婦問題などの背景に見え隠れしているということを指摘されていますよね。

僕は魚住さんの仕事を引き継ぎ、この人々の姿を明らかにしようと思って『日本会議の研究』を書きました。だから、僕の中では魚住さんのご著書の続編を書いたつもりでいるんです。そのあとも魚住さんには『週刊現代』のご連載の中で僕の本を4度も取り上げていただきまして、感謝申し上げます。

魚住　いえいえ、とんでもない。

菅野　魚住さんは村上さんにインタビューされる前から、あの一群の人々の存在に感づいていらっしゃったんですか。

魚住　それは半分イエスですね。僕の場合はＮＨＫの番組改編問題がスタート地点でした。当時、ＮＨＫが従軍慰安婦問題をめぐる女性国際戦犯法廷のドキュメンタリーを放映しようとしたら、NHKに圧力がかかるということがありましたよね。この問題を取材している時に、日本会議、特に伊藤哲夫さんの存在に気づいたんです。彼は第一次安倍政権が誕生した際には､安倍総理のブレーン5人組の一人だというふうに取り上げられていました。

今から考えてみれば、あのNHK番組改編問題は、安倍晋三や中川昭一といった当時の若手議員たちが民間の右派勢力と手を組み、番組内容に介入する力を持つまでに至った事件だったんですよ。僕はこうした政界グループと民間の右派のつながりというところに関心があって、彼らの思想とか組織形態とか、そういうものを知りたいなと思っていたんですね。

そう思っていた時に村上正邦さんを紹介されました。村上さんはちょうどその頃、KSD事件で収監される前でした。僕はその時、村上さんという右派の政治家の軌跡をたどっていけば、NHK番組改編問題で見えてきた右派のつながりの謎が明らかになるんじゃないかと思ったんですね。

それで村上さんからずっと話を聞いていくと、思った通りと言うか、思った以上に村上さんがいわゆる日本会議グループの誕生期の中心人物だということがわかってきたんです。

実はあの本を書く時、どういうふうに村上さんを取り上げるべきかちょっと迷ったんです。村上さんは僕と全くスタンスの違う人ですから、村上さんの言い分をそのまま載せるわけにはいかないなと思っていました。

だから、やり方としては二つあったんです。一つは、こちらで色々調べて、村上さんに敵対的な質問をぶつけていくという方法です。でもそれをやっちゃうと、村上さんの口は重くなったと思うんですよね。もう一つは、村上さんに思う存分しゃべってもらい、その中でこちらが興味のある部分をさらに掘り下げていくという方法です。

それで、僕は後者を選んで、僕のフィルターを通して村上さんの像なり思想なり軌跡なりを浮き彫りにするという形をとりました。それまでそういうやり方をしたことはなかったんだけども、基本的にはそれで正解だったろうなと思います。

菅野　僕もそう思います。あの本を読んでいると、中盤以降、魚住さんの関心が村上さんだけでなく、村上さんの周辺にいる一群の人々に向かっていくのがよくわかりました。

書き手の大先輩として教えていただきたいのですが、あれは最初からそういう狙いだったのか、それとも村上さんの証言が出てきたので軌道を修正したのか、どちらなのでしょうか。

魚住　基本的に最初からスタンスは変わっていません。村上さんの軌跡をたどっていけば、きっと右派勢力とは何なのかということの答えが出てくるはずだと最初から思っていました。その予測が当たったということです。

あえて『日本会議の研究』に注文をつける

菅野　僕は『日本会議の研究』を上梓してからもずっと日本会議のことを調べ続けているんですが、やっぱり魚住さんのおっしゃる「一群の人々」が長年活動を続けてきた成果が、今日の前にある安倍政権や最近のメディアの論調の基調をなしてしまっていると思わざるを得ないんです。

ただ、魚住さんからは『週刊現代』の連載の中で、そういう見方は陰謀論だというご批判を頂戴したんですが、今の魚住さんの目から見て日本会議はどういうふうに映っていますか。

魚住　その前に説明しておきますけど、僕が陰謀論と言ったのはどういうことかと言うと、菅野さんはあの本で、一部の人々が長年にわたって続けてきた市民運動が、安倍政権の反動ぶりやヘイトスピーチの嵐をもたらしたのではないか、という問いの立て方をしていますよね。僕はそれはちょっと違うのじゃないかと思ったんです。問題の原因を一つに求めてしまうと、他の原因が見えなくなってしまって、認識がとても薄っぺらくなってしまうんですよ。

菅野　なるほど、なるほど。

魚住　僕もそんな偉そうなことは言えませんけれども、陰謀論というものは戦後の日本だけに限ってもよく見られますよね。

例えば、松本清張さんのレポートを読むと、戦後の怪事件の黒幕はだいたいＧＨＱのキャノン機関に行き着いたりしますよね。これは「清張史観」と呼ばれていて、すごくわかりやすい話で、読者もずいぶん面白がって読んだんだけれども、実際に検証してみるとやっぱり事実と異なる部分があるわけです。

最近では元外務省の孫崎享さんもそうですね。僕は『戦後史の正体』（創元社）しか読んでいないんだけど、あれは要するに吉田茂はけしからん、重光葵は素晴らしいということと、悪いことはだいたい全てアメリカの仕掛けなんだという形で展開していきますよね。冗談じゃないよと、僕に言わせればね。あれは僕らが学生時代によく聞いた、昔の日本共産党の対米従属論の裏返しですよ。

菅野　そう思います。

魚住　確かに一面ではそういうところもありますよ。だけど、物事というものは一面だけで全てを捉えようとしても本当のことは見えてこないんであって、色々な角度から見なければならないと思うんです。

だから、社会の右傾化ということについても、これは日本だけでなく世界的に起こっている現象だというところも見ないといけませんよね。それから日本に限って言っても、日本会議以外の様々な要因が考えられます。

僕は、今の安倍政権に代表される社会の右傾化、排外主義化というものは、単に戦後の歴史を見ているだけではわかんないと思っているんです。もっと長い歴史を見ないといけない。

でも、大半の日本人の歴史の見方は司馬遼太郎さんの見方なんですよね。これはものすごくおこがましい言い方なんだけれども、司馬さんのような見方をしていてはダメだと思うんです。司馬さんの歴史の見方は簡単に言うと、明治時代は良かったけれどもそのあと悪くなっちゃったということですよね。つまり、日露戦争までは良かったけれども、そのあと日本はおかしくなった、と。

でも、それって違うよねと僕は思うわけ。満州事変の原因となったのは、遡れば日露戦争だし、日露戦争の前には日清戦争もあった。もっと遡ればいわゆる「征韓論」をめぐる明治維新政府内部の政争もあったし、さらに明治維新そのものの問題だってあるわけですよ。そこまで遡っていかないと、今に至るまでの歴史の移り変わりはわからないというのが僕の意見なんです。

日本会議や谷口雅春さんにしても、そうした長い歴史の中に位置づけた上で、様々な角度から総合的な見方をした方がいいと思うんです。だから、僕は『日本会議の研究』はとてもいい本だと思うし、すごく評価しているんだけども、見方がちょっと一面的なところがあるな、と。そこがある種、あの本の欠点だなと。それは今後気をつけてほしいなと思ったんです。

日本会議に力はあるのか

魚住　それから現実として日本会議にどれくらいの力があるかという問題がありますよね。有り体に申し上げると、そんなにたいした力じゃないんですよね。
菅野　僕もそう思います。
魚住　僕はみんなが日本会議に注目してくれるのは嬉しいんだけども、嬉しい反面、危険だなとも思っているんです。日本会議がクローズアップされればされるほど、逆に実体より大きく見せちゃうんですよ。今までみんなが知らなかったことに光を当てることは大事なことなんだけども、それをあまり強調しすぎると、彼らの思うつぼになっちゃうんですよね。菅野さんも、日本会議はフロント団体をたくさん作って、あたかも自分たちの勢力が巨大であるかのような演出をしているという意味のことを書いていますよね。その戦略に乗ってしまってはまずいなと思うんです。

もちろん『日本会議の研究』をしっかり読めばわかるんだけども、僕ら書き手は常に抑制的でなければならないと思うんですね。だから、日本会議を語るというのは実はすごく難しい問題なんですね。

日本会議にそれほど力がないとして、それでは安倍政権に一番影響力があるのは誰かと言えば、僕は外務省やそのＯＢの人たちだと思うんです。簡単に言うと外務省勢力ですよ。国家安全保障会議（ＮＳＣ）の谷内正太郎さんとか、内閣官房副長官補の兼原信克さんがそうですね。集団的自衛権や集団安全保障の問題も、あれはほぼ間違いなく外務省勢力が主導したものだと思います。

菅野　つまり、アメリカの意向ということですね。

魚住　いや、そう言ってしまうと孫崎さんみたいになってしまうんですよ。外務省自身が集団的自衛権なり集団安保を外交カードとして使いたかったんですよ。彼らは今までそういうカードを持っていなかったから、相手国から馬鹿にされるという目に散々あってきたわけですね。だから集団的自衛権は外務省の念願だったんですよ。もちろんそれは同時にアメリカの利益でもあるわけですけどね。

菅野　単にアメリカから言われたからやったという話ではないということですね。それは確かにそうでしょうね。

魚住　それから、全体的には外務省主導で進んでいるんでしょうが、その中でも妙に頭が良い奴がいる感じがしますね。従軍慰安婦問題に関する日韓合意にしても、日本会議的な発想からは出てこないですよね。

菅野　そう思います。

魚住　変にほめるわけじゃないんだけど、彼らはうまい具合に先手先手で政権を運営していますよね。誰か知恵者がいるのか、その人の正体が知りたいなというのが、僕が前から持っている問題意識なんですけどね。

日本のニューレフトの思想的欠陥

菅野　僕の筆力が足りずにうまく伝えられなかったところがあるのですが、あの本で本当に言いたかったことは二つあって、一つは、日本会議はそんなに強くないよってことだったんです。みんな日本会議、日本会議と騒いでいるけど、彼らはそんなに強くないよということが言いたかった。なぜ強くないかと言えば、たった一握りの人たちがやっているにすぎないからです。その一握りの人々という点が前に出すぎてしまって、誤解を与えてしまったところがあったかと思います。

とはいえ、日本会議にはそれほど大きな力がないにもかかわらず、一定の影響力を持っていることは確かです。ただ、その理由は、彼らの力が強いからではなく、単に左派勢力がいなくなったからです。

それからもう一つ言いたかったのは、日本は決して特殊な国ではなく、どこにでもある普通の国だということです。どういうことかと言いますと、僕は１９７４年生まれで、いわゆる団塊ジュニアの世代なんですが、僕の世代は政治運動や市民運動には意味がないと教えられて育ちました。僕たちの父親の世代は１９６０年代終わりから70年代はじめに学生運動で頑張ったけども、それはことごとく失敗に終わった。だから政治運動や市民運動には何の意味もなく、日本は資本主義体制の中でお仕事さえしていればいいんだよ、と。お金の理論、仕事の理論が政治運動の理論や市民運動の理論を凌駕するのが日本なんだと。こういうふうに教えられて育ってきたんですが、果たして本当にそうなのかなという疑問がずっとあったんです。

それで色々調べてみたんですが、確かに団塊の世代に属する人たちがやってきた左翼運動はもう跡形もなくなってしまっている。評論家の人たちもそう指摘している。アメリカやヨーロッパでは１９６８年の反乱で活躍した人たちが政権を握り、レフトが政権に返り咲くということが起こっているのに、日本ではそういうことが起きなかった、日本は特殊だ、と。こういう見方が通説になっています。

でも、僕は魚住さんの本を読んで、この通説は間違いだということに気づいたんです。日本でも学生運動をやっていた人たちが政権に食い込むまでになっているじゃないかと。

魚住　言いたいことはわかります。つまりそれが右派の学生運動をしていた人たちだったということですね。

菅野　そうです。今、日本会議の中心にいる人たちも、１９６０年代の終わりから学生運動をやってきた人たちですから。日本の場合はアメリカやヨーロッパと違って、単にそれが右側だったというだけの話だと思うんです。

魚住　僕は団塊の世代の後ろにくっついていたような世代なので、あの時代の雰囲気を知っているんですけども、一言で言うと、日本の当時のニューレフトはレベルが低かったんですよ。ゲバルト学生たちが極端な理論を振り回して、結局自分たちで連合赤軍事件とか色々な悲惨な事件を起こし、それによって自滅してしまった。そのせいで、先ほど菅野さんが言ったように左派がいなくなったんです。

これはやっぱり思想的に欠陥があったからだと思います。彼らは破壊することばかりに興味がいって、どうやれば社会を変えられるか、どうやれば新しい社会を建設できるかという発想が弱かったんですよ。

これは外国と比べればよくわかります。例えばドイツ。ドイツでも60年代後半に学生運動が起きましたが、彼らはそこで成果を勝ち取っているんです。それが端的にあらわれているのが司法のあり方です。日本弁護士連合会が作った「日独裁判官物語」という映画を見ればよくわかるんですが、ドイツの司法はものすごく民主化されていて、裁判官がデモに行ったり、組合を作ったり、市民との交流も盛んに行っています。彼らは市民と平場で接しているんです。日本の最高裁のように「奥の院」のようにはなっていないんですよ。

なぜドイツにこういうことができたかと言うと、それは60年代後半に行われた社会運動の中で、ナチスの戦争責任を追及したからですよ。ドイツではそれまでナチスの責任追及は中途半端だったんだけど、その時に徹底的に追及したんです。彼らはそこから司法のあり方をはじめ、色々な社会問題を掘り下げていきました。その結果、実際に社会や国家のあり方をある程度変えることができたわけですね。

それから、時期は少しあとですけども、韓国もそうですね。彼らは長い時間をかけて民主化を勝ち取りました。日本にはあの民主化闘争の経験がないんですよ。

もちろん日本で学生運動をしていた人たちの中にも、良い仕事をした人はたくさんいるんだけども、トータルとして見れば、まともに社会に立ち向かった人が少なかったということだと思います。それが、日本に左派とか市民派がきちんと育たなかった理由の一つだと思います。それは僕らの世代の責任だと思っています。

左派が日本会議に勝てない理由

菅野　魚住さんのご指摘はその通りだと思います。左派の運動は、まさに自らの愚行や浅はかさによって自滅していった。

しかし、それでは市民運動が必要なくなったのかと言えば、そうではありません。僕は議会制民主主義という体制をとる以上、市民運動はシステム側から要求されるものだと思っています。社会が必要とするかどうかとは関係なく、議会制民主主義というシステムを回すためには、市民運動がどうしても必要になると思うんです。

そういう点から見ると、左側が自滅して運動をやめていく中で、日本会議だけはずっと愚直に市民運動を続けてきました。だから彼らは小なりといえども力を持っちゃったというのが僕の見方です。彼らの思想に深みがあって人を惹きつけているとか、大規模な組織でお金があるとか、そういうことではないんですね。議会制民主主義というシステムを回す担い手が彼らしかいなくなったから、彼らが力を持ってしまったというのが、ここ30年くらいの日本の悲しい歴史なんじゃないかと思うんです。

魚住　市民運動を愚直に続けたと言うか、要するに事務的なノウハウの蓄積ですよね。ノウハウの蓄積というのはとても重要で、戦後の日本社会の中で事務的なノウハウを蓄積してきたのは、一つは霞が関の官僚たちですね。

僕は元検察担当だったのでその例を引っ張り出しますが、例えば東京地検特捜部の捜査のやり方には、色々とノウハウがあるんですよ。どうやれば記者に気づかれずに被疑者から事情聴取できるかとか、どうやれば被疑者を秘密裏に小菅の拘置所に連れていくことができるかとか、あるいはどうやれば銀行に捜査を協力させることができるかとか、彼らはそういうノウハウをずっと蓄積しているんです。

それで、取材をしているとだんだんわかってくるんですが、そのノウハウを継承しているのは、検事たちではなくプロパーの事務官たちなんですよ。東京地検特捜部には検事が30～40人いるけれども、彼らは何年かで異動になります。これに対して、特捜部には資料課というところがあるんだけども、ここにいる優秀な事務官たちは、もちろんローテーションはあるけれども、検事たちよりずっと長くいますからね。彼らは何十年もの間、それこそ明治から考えれば１００年以上になるのかもしれませんが、その間に蓄積したノウハウをずっと継承しているんです。

それで、僕ら新聞記者が特捜部の取材をする期間は、だいたい２、３年なんですね。その間に色んなことを勉強します。「ああ、特捜部の手口ってこうなんだ」とか「変装する時はカツラをかぶるんだ」とか、彼らのそういう細かいテクニックを学ぶんです。だけど、それがようやくわかりかけるまでに２、３年かかるわけですよ。

菅野 そしたら異動になっちゃう。

魚住 そう。だけど、異動の時に後任に引き継ぐかと言うと、あまりそんなことはしません。自分の担当が終わったんだから、あまり引き継ぐメリットもないですし、新聞社にはもともと引き継ぎという文化がないんでしょうね。

菅野 新聞記者はどちらかと言えば個人プレイの集団のようなイメージですね。

魚住 そうそう。だから絶対検察にはかなわないわけ。

菅野 向こうは１００年の蓄積があるのに、こっちは２、３年ですからね。

魚住 そういうノウハウを蓄積してきたのが、僕が知っている範囲では官僚機構と、それから日本会議ですね。日本会議は60年代に左側の学生運動からノウハウを学び、それをずっと実地でやってきたわけじゃないですか。どういうふうに集会を開くかとか、どういうふうにビラをまくかとか、ちょっとしたことかもしれないですけど、そういうノウハウをずっと積み重ねていっているわけですね。だから決して思想的に優れているわけじゃないんですよ。そこは菅野さんの言っている通りだと思います。

菅野　僕がすごいなと思うのは、彼らは左派の学生運動からだけでなく、戦前の労働運動からもノウハウを学んでいるんです。彼らの運動が花開く１９６８年、69年頃に、生長の家本体が財政難に陥るんです。その時に生長の家の財政を立て直したのが、戦前に労働運動をやっていて後に生長の家に転向した人なんですよ。彼は戦前の労働運動のやり方で生長の家を立て直したんです。だから、日本会議や日本青年協議会には、戦前の労働運動のノウハウも引き継がれているんです。

それに関連して言いますと、最近社会運動をやっている学生たちは、ほとんどノウハウを持ち合わせていないんですよ。これはＳＥＡＬＤｓではないんですが、ある若い学生たちが運動をやって機動隊と衝突し、一人捕まったそうなんです。ところが、彼らはその学生をどうやって救援したらいいか、弁護士にどう相談すればいいか、それすらもわからなかったそうなんです。それじゃあ大人たちが救いの手を差し伸べるかと言えば、それもなかったそうです。左側のノウハウの断絶には大変なものがあると思います。

そういう意味では、思想とか主張の内容以前に、もう勝負あったなという感じがしちゃうんですね。日本会議は若い子を育ててノウハウを継承させているし、日本会議事務総長の椛島有三さんは自分の娘に世襲させようとしていますからね。

社会の格差を食い止められるか

魚住　ただ、左派の運動がうまくいかなかった理由は他にもあって、それは日本の戦後の修正資本主義がうまくいったからですね。いわゆる福祉国家型の資本主義がすごく成功しちゃったという側面もあったと思うんですよ。

僕はこの前東池袋中央公園に行ったんですが、あそこは昔巣鴨プリズンだったんです。公園の隅に碑が建っていますよ。今は公園のそばにサンシャインシティの超高層ビルが建っているけども、昔の記録を読むと、巣鴨プリズンの周りはB29の落とした爆弾のために焼け野原で、爆弾の穴ぼこだらけで、殺伐とした風景だったんです。まさか71年後にあんな超高層ビルが建つなんて誰も想像していなかったと思いますよ。それくらい戦後日本の修正資本主義はうまくいったんですよ。

菅野　つまり、そのために左翼が根源的な問いを発する必要がなかったということですね。

魚住　そういうことです。その修正資本主義、つまり福祉国家論が否定されるようになったのは、ここ20年くらいの話です。だいたい橋本政権くらいから日本は新自由主義的な政策をやり出して、大きな政府から小さな政府へということになった。

それに対して、左派・市民派たちはそれまで大成功した福祉国家の中で生きてきたから、新自由主義的な政策にどういう理論をもって対抗すればいいのかわからなかったんですよ。だから、やられっぱなしで、なすがままといった状況になってしまったんではないでしょうか。

だけど、左派・市民派たちが手を拱《こまね》いている間に、日本にはものすごい大きな格差が生まれてしまいました。僕が生きてきたのは格差が一番少ない時代ですけど、ここ10年、20年で格差はものすごく大きくなったということを実感として感じます。一般の人たちは消費税が８％に上がって生活が苦しくなっているし、長時間労働しているのに給料も一向に上がりません。ブラック企業に入って苦しんでいる人たちだってたくさんいます。他方、都心の高級ホテルは一番高い部屋から埋まっていき、一回ご飯を食べるだけで10万、20万もかかるような高級レストランが盛況になっています。

これは戦前の状況と似ています。僕は最近、戦時中の細川護貞日記とか木戸幸一日記、高木惣吉日記などを読んでいるんだけど、そこには東條英機内閣を打倒するためにどういう活動をしていたかということが書かれているんです。これを読んでいるとびっくりするんですが、ある業界人がある大臣に50万円渡したとか、その手の話がたくさん出てくるんです。当時の50万ですから、今で言えば数千万あるいは数億でしょうかね。

このように社会の上層の人たちはものすごくお金を持っていたんだけど、いわゆる下層の人たちは一日何十銭を稼ぐために汗水たらして必死になって働いていました。格差が極端に開いていたんです。

日本会議が力を持つようになった背景にも、こうした社会の格差という要因があると思うんです。これに対抗していく論理をきちんと作っていかなきゃいけないと思います。

菅野　そうですね。日本では格差の広がりの中で、「貧困は自己責任だ」「女、子供は黙っていろ」という言説が増えてきています。これは新自由主義的な社会で苦労している人々の耳に入りやすい議論だと思います。「貧困は自己責任だ」と言えば、自分はまだ貧困ではないと思い込めるわけですし、「女、子供は黙っていろ」と言えば、競争相手を減らせるわけですからね。このままだと日本はとんでもない世の中になってしまいます。

魚住　なってしまうと言うか、もうなっていますね。

菅野　そう思います。

沖縄におんぶにだっこではダメだ

菅野　こうした状況の中で、安倍政権はもはややりたい放題という感じです。何か安倍政権に対抗する良い方法はないでしょうか。

魚住　それは難しい問題ですけど、ただ天皇の生前退位の話が出てきたんで、安倍政権の改憲スケジュールは狂ったんじゃないでしょうか。安倍政権としては議席数を持っている今の方が改憲しやすいでしょうけど、まず生前退位に取り組まないといけないですからね。だから、彼らのスケジュールはタイトになってきたんじゃないかという感じはします。こちら側にはそれまで抵抗する時間があるわけだから、何とか頑張らなきゃいけないんですけどね。

菅野　向こうのスケジュールもタイトだけど、こちらのスケジュールもタイトなんですよね。ぼーっとしていたらすぐにやられてしまいます。

僕は安倍政権が進める憲法改正は、日本会議の路線に沿って行われると見ているんです。最初に魚住さんが指摘されたように、安倍政権は日本会議だけでなく、外務省勢力によって支えられているところも大きいと思います。ただ、こと改憲の議論に関しては、日本会議的な方向で進んでいくと思うんです。

というのも、安倍政権は何かやりたいことがあるから憲法を改正したいのではなく、憲法を改正したいから改正したいというだけにすぎませんから。彼らはとにかく改正さえできればそれでいいんです。だから彼らは憲法改正について何か定見があるわけではないんです。とすれば、憲法を変えるために何十年と運動をやってきた日本会議の路線に乗っかるというのが、自然な流れだと思います。

その際、僕は改正の目玉は9条ではないと見ています。日本会議が徹底してアンチ・フェミニズムであることを考えれば、むしろ女性の権利を抑圧するような改正をするんじゃないかと思います。

そういう意味では、日本会議はアメリカの「オルト右翼」にそっくりなんです。オルト右翼とはオルタナティブ右翼の略で、新しいタイプの右派のことです。彼らは無神論者で、ドラッグやゲイにも寛容です。その代わりにアンチ・フェミニズム、アンチ・ポリティカルコレクトネスなんです。日本では「トランプの躍進を支えているのはティーパーティーだ」みたいな議論が未だに行われていますけど、アメリカではすでにティーパーティーは下火になっていて、今はオルト右翼が力を持っています。

こう言うと、「日本会議にいる人たちは無神論者ではないじゃないか」と言われますけど、日本会議はあまりにも多くの宗教団体を抱えているから、何か宗教について言及すると内部から反発が出る可能性があるので、組織としては無宗教的になっているんです。ただ、アンチ・フェミニズムという点ではみな一致しています。
　僕はこうした点を踏まえないと、有効な対抗はできないのではないかと思っているんです。実際、市民運動は安倍政権に対して有効な批判をできていませんよね。

魚住　ただ、沖縄だけは違うんですよね。彼らは有効な反対運動をできていると思います。沖縄の状況は日本とは全く違うし、戦後の歴史も違うし、沖縄だけは運動のノウハウが引き継がれています。僕は沖縄で基地反対運動をやっている人たちに話を聞く機会があったのですが、彼らはアメリカのオキュパイ運動をはじめとして世界的な反資本主義、反軍需産業、反貧困の運動とダイレクトに結びついた物の考え方をしています。
　こういう言い方はすごく無責任かもしれないけど、僕はそこに希望を感じています。日本本土の運動は旧来型の抵抗運動の縮小再生産に陥ってしまっているけど、沖縄は違うかな、と。

菅野　だからこそ安倍政権は沖縄に必死なんでしょうね。

魚住　そうですね。ただ、僕は今の流れを見ていると、やっぱり沖縄の人たちが勝つかなというふうに思っています。彼らは今、辺野古や高江のヘリパッド工事に必死に抵抗しているでしょう。現地に行けばわかるんですが、本当に綺麗な海なんですよ。ここに砂利を突っ込んで海を殺してしまうというのは、いくら国家権力の力をもってしてもできないんじゃないかと思う。

実際、安倍政権は予算を減額したり、東京の機動隊を動員したりしていますが、そこまでしても辺野古の工事はできていないですからね。ただ、そういう運動まで沖縄におんぶにだっこでは、本当はいけないんだけれども。

菅野　おっしゃる通りです。沖縄を足で踏んづけておきながら、何もかも沖縄にやってもらっている感じになっていますからね。我々自身に何ができるかということを真剣に考えなければならないと思います。

補論

「日本会議陰謀論」に惑わされないために

日本外国特派員協会における記者会見（二〇一六年七月二〇日）より抄録

菅野完

政権を操る黒幕などいない

先週、日本会議会長の田久保忠衛さんの会見がまさにこの場でありました。講演が終わったあと、外国特派員の方々が質問されていましたが、お二人ほど日本会議にとても詳しい方がいらっしゃいましたが、その他の方から出た質問というのは、どうもピントがずれているような気がしました。

あのような誤解やピントのずれというのは、「政権を操る黒幕がいるんだ」「国家神道を復活させたい勢力がいるんだ」、あるいは「狂信的な集団が政権を支えているんだ」といった認識から出てくるんじゃないのかなと思います。確かにこういう認識に基づいて日本会議の記事を書けば、とても面白いものができるでしょう。しかし、それは少し子供じみた陰謀論だと思います。

僕の基本的なメッセージは次のものです。「そんなヤツおらへんちゅうねん！」。冷静に、事実だけを見ていく必要があります。

そこで、すでにご存知の方も多いかと思いますが、日本会議について基本的な点からご説明していきたいと思います。

まず、外国メディアの中では「安倍政権を支える日本会議」という表現がよく使われていますが、それは事実です。例えば、安倍内閣の約8割の閣僚が日本会議国会議員懇談会という組織に所属しています。また、北は北海道、南は沖縄まで、各都道府県、市区町村の地方議員のうち、約1000人が日本会議地方議員連盟という組織に属しています。もっと厳密に言えば1300人です。

さらに、2015年、2016年という文脈で忘れてはならないのが、集団的自衛権、いわゆる戦争法案です。この法案について議論がなされている時、菅官房長官が集団的自衛権を合憲だとしている憲法学者として三名の名前をあげました。彼らはみんな日本会議および日本会議の関連組織の幹部です。

これらの事実を見ると、日本会議は自民党というよりも安倍政権に対して強い影響力を持っているということをご理解いただけるかなと思います。

次に、日本会議の組織構成についてお話ししたいと思います。特に海外メディアのみなさんは、日本会議が何を言っているかということよりも、日本会議がどういう組織なのかということに興味を持たれていると思います。

日本会議を構成している組織は、大きく分けて二つに分類することができます。一つは、旧来の保守的な運動体や組織です。伝統的な保守団体と言えば、例えば郷友会、これは在郷軍人会のような組織です。あるいは英霊にこたえる会、これは日本遺族会の政治運動団体です。

もう一つは、宗教団体です。日本会議を構成する宗教団体は極めて多岐にわたっており、明治維新前からある伝統宗教や、明治維新後にできたいわゆる新興宗教、さらに1945年8月15日以降に生まれたもっと新しい宗教など、色んな宗教団体が集まっています。これらは必ずしも神道系ではありません。仏教系の団体もいれば、キリスト教系の団体もいます。

それでは、日本会議が何を主張しているかということを見ていきます。彼らは基本的に次の5点を主張しています。皇室崇敬、憲法改正、愛国教育、歴史認識、それから伝統的家族と言われるものです。これは彼らが公式に色んなところで主張しているものです。ただし、後ほどお話ししますが、僕は彼らの本音がここにあるとは思っていません。

日本会議に集票力はない

今までの話をさらに具体的に見ていきます。次の表を見てください（178頁参照）。縦には第三次安倍内閣の閣僚の名前を並べています。昨年（2015年）内閣改造が行われましたので、その前の閣僚名簿です。横には各閣僚が入っている議員連盟の名前を並べています。日本会議国会議員懇談会に約8割の人間が入っているということがおわかりいただけると思います。

注目していただきたいのは、一番の上に書いてある安倍晋三です。安倍晋三のところには全て丸がついていますが、なぜそうなっているかと言うと、安倍さんの入っている議連を集めたからです。

この表を見ると、安倍さんと全く同じ議連の入り方をしている人がいることがわかると思います。下村博文、山谷えり子、そして衛藤晟一です。

他方、安倍さんと全く違う議連の入り方をしている人もいます。太田昭宏さんは公明党なので、自民党と異なる議連に入っていることは自然なんですが、例えば宮沢洋一さんであるとか、上川陽子さんです。彼らは自民党の閣僚であるにもかかわらず、安倍さんとは議連の入り方が極端に違います。この3人は内閣改造の際に閣僚をやめています。

次に、この写真をご覧ください（下写真）。これ

神道	靖国	憲法調査	新憲法	創生
●	●	●	●	●
●	●	●	●	●
●	●	●		●
●		●		
●				
●	●	●	●	●
●	●	●		●
●	●	●	●	
●	●			
		●		
●	●			
●	●	●		
●	●	●		
●	●	●	●	●
●	●	●		
●	●	●		●
●	●	●		
●	●		●	●
●	●	●		●
●	●	●	●	●
●	●	●	●	●
●	●	●	●	●
●	●		●	●
●	●		●	●
●	●		●	●
●	●		●	●

役職	氏名	日本会議	教科書
総　理	安倍　晋三	●	●
財　務	麻生　太郎	●	
総　務	高市　早苗	●	●
法　務	上川　陽子		
外　務	岸田　文雄	●	●
文部科学	下村　博文	●	●
厚生労働	塩崎　恭久	●	●
農林水産	西川　公也	●	
経済産業	宮澤　洋一		
国土交通・水環境	太田　昭宏		
環境・原子力防災	望月　義夫	●	
防衛・安全保障法制	中谷　元	●	
復興・福島原発再生	竹下　亘	●	
国家公安	山谷　えり子	●	●
地方創生	石破　茂	●	
沖縄北方・科学技術	山口　俊一	●	●
経済財政・経済再生	甘利　明	●	
女性活躍・行政改革	有村　治子	●	●
官房長官・沖縄基地	菅　義偉	●	●
首相補佐官	衛藤　晟一	●	●
首相補佐官	礒崎　陽輔	●	
首相補佐官	木村　太郎	●	
官房副長官	加藤　勝信	●	
官房副長官	世耕　弘成	●	
筆頭副幹事長	萩生田　光一	●	●
政調会長	稲田　朋美	●	●

は2015年11月に行われた、「美しい日本の憲法をつくる国民の会」主催による1万人大会と呼ばれる集会の様子です。「美しい日本の憲法をつくる国民の会」は日本会議の改憲運動体であります。なぜバスの写真をお見せするかと言うと、これらのバスのナンバープレートを見ると、北海道と沖縄を除くほぼ全国各地から人々が動員されていることがわかるからです。

次の写真は、この大会に動員された人たちです（下写真）。これは武道館なんですが、武道館のアリーナをいっぱいにして、さらに2階席、3階席を埋めるほどの人が集まっています。

問題は、彼らが一体誰によって動員さ

れているかということです。実は、これらの人々は宗教団体から動員されています。一番前方に写っているのは、佛所護念会という仏教系の新興宗教教団から動員された人たちです。廊下を挟んで後ろ側にいるのは、崇教真光という、仏教でも神道でもない特殊な宗教団体から動員された人たちです。

もちろんここには宗教団体の信者ではない人たちもいますが、ほぼほぼ全て宗教団体およびその他の保守団体から動員された人たちだと見て間違いありません。僕は受付を観察していたのですが、僕の計算では、この大会に参加した人たちのうち、一般人はわずか13人でした。

これは政治家たちにとっては魅力的な写真だと思います。写真を見るだけでは、彼らが動員によって集められた人たちだということはわかりませんが、政治家たちには彼らがみんな票に見えているはずです。

実際、美しい日本の憲法をつくる国民の会は議員にも働きかけを行っています。彼らは地方議会に対して憲法改正の早期実現を求める運動を行っていますが、31の都府県議会が決議をしています。また、国会議員に対しても署名運動を展開しており、昨年の11月の段階で422名の国会議員が署名しています。

もちろん彼らは国民向けの署名活動も行っていて、昨年11月の段階で400万人を超える人々が署名しています。これは先週までに700万台の後半まで増えました。彼らは憲法改正に向けた国民世論を形成するために、今後の方針としては、映画の上映会をやったり、チラシを1000万部配ったりすることを決定しています。

これらの数字を見ると、日本会議がまるで巨大な政治力を持っているかのように思われるかもしれません。しかし、それは誤解です。

例えば、日本会議系の参議院議員と言うと、だいたい次の3人の名前があがります。有村治子さんと衛藤晟一さん、そして山谷えり子さんです。彼らを支援している宗教団体は、それぞれ次の通りです。

有村治子：神道政治連盟、佛所護念会教団、崇教真光、黒住教、天台宗
衛藤晟一：新生佛教教団、佛所護念会教団、崇教真光、念法眞教、解脱会
山谷えり子：神道政治連盟、佛所護念会教団、世界救世教、統一教会（旧）

これらは基本的に日本会議を構成している宗教団体と一緒です。日本では創価学会と公明党の事例があるので、宗教団体は選挙に強いというイメージを持ちがちですが、実際にはこれだけたくさんの宗教団体が束になってかからないと議席を保持できないのです。

それはこの前の参議院選挙の結果を見れば明らかです。この選挙では、神道政治連盟や佛所護念会教団、世界救世教、統一教会、これらの宗教団体が必死になって山谷えり子を支援しました。しかし、得票数はたったの26万票でした。外国メディアの中には、神道が日本の政治を右傾化させていると書いているところもありますが、神道政治連盟の集票力はその程度のものなんです。

「女子供は黙っていろ！」

ここで一度おさらいしたいと思います。日本会議には伝統宗教から新興宗教まで、神道系からキリスト教系まで、色んな宗教団体が集まっています。また、憲法改正に全く興味のない団体や、憲法改正よりも教育基本法の改正の方が重要だと言っている団体もいます。となると、次のような疑問がわくはずです。「なぜ彼らは一緒に運動をやれるのか」。そこには何かがあるはずです。

この疑問を解く鍵が日本会議の公式サイトにあります。次の年表を見てください（次頁参照）。これは日本会議がこれまで行ってきた運動一覧です。１９７４年から２００７年までの運動が端的にまとめられています。

日本会議のこれまでの主な運動

◎昭和49年4月	学界・宗教界を中心に「日本を守る会」結成
◎昭和50年11月	「昭和50年を祝う国民の集い」開催
◎昭和51年1月	三木内閣に政府主催の天皇陛下御在位50年記念式典を要望
◎昭和51年11月	天皇陛下御在位50年奉祝中央パレードを実施
◎昭和53年7月	各界代表を集め「元号法制化実現国民会議」結成
◎昭和53年11月	「元号法制化実現総決起国民大会」開催

≀

◎平成4年5月	宮沢内閣に天皇陛下の中国御訪問の中止を要請する活動を展開
◎平成4年8月	御訪中に反対する国会議員の署名を集め緊急集会を開催
◎平成5年8月	細川首相に日本の戦争に関する「侵略」発言を撤回するよう要請
◎平成6年4月	「終戦50周年国民委員会」を結成 国会の戦争謝罪決議の反対署名を開始
◎平成7年3月	謝罪決議反対署名506万名を集め国会に請願 緊急集会を相次ぎ開催
◎平成7年12月	「家族の絆を守り夫婦別姓に反対する国民委員会」を設立し、 夫婦別姓法案の反対運動を展開
◎平成8年4月	「長崎の原爆展示をただす市民の会」が発足し長崎原爆資料館の 偏向展示の是正運動を推進
◎平成8年5月	橋本首相に夫婦別姓反対と靖国神社参拝を要望
◎平成8年9月	夫婦別姓に反対する地方議会決議相次ぐ
◎平成8年12月	夫婦別姓に反対する署名100万名を突破
◎平成9年2月	教科書の従軍慰安婦記述の削除を求める国会論議を展開
◎平成9年5月	夫婦別姓反対の国会陳情活動を実施、「緊急女性集会」を開催
◎平成9年5月	「日本会議国会議員懇談会」、超党派で設立
◎平成9年5月	「日本会議」が設立

※日本会議公式ＨＰに基づいて作成

これを見ればわかるように、最初の頃は元号法制定運動とか天皇御在位五十年奉祝運動とか、おめでたい運動が並んでいます。ところが、90年代に入っていくと、彼らの運動がことごとく「○○反対運動」という名前のつく運動になっていることが見て取れるはずです。先ほどの疑問を解くためには、彼らが何に反対しているかということをはっきりさせる必要があります。

そこで、彼らがこの30年間、何に対して反対してきたのかを調べました。それは簡単にまとめれば、「従軍慰安婦は黙っていろ」「子供の権利や女性の権利は抑圧してやる」「夫婦別姓などあり得ない」「男女共同参画事業は絶対に潰してやる」ということです。

僕はこれこそ日本会議の糾合軸だと考えています。つまり、「女子供は黙っていろ」ということです。実際、田久保忠衛さんは女性と子供の問題について質問された際、きちんと応えることができませんでした。それはなぜかと言えば、その質問があまりにも本質を突いていたからです。

ここから考えれば、なぜ憲法改正に興味のない宗教団体が日本会議に参加しているのかもわかります。彼らは憲法改正自体には興味がありませんが、女性や子供の人権を抑圧できるならばということで、日本会議と行動を共にしているのです。

しかし、「女子供は黙っていろ」というメッセージは、日本社会では決して珍しいものではありません。これは、日本会議やいわゆる保守派の人々だけでなく、多くの人たちが口にしていることです。G7の国の中でこれほど女性と子供の権利が抑圧されている国はないと思います。

ということは、日本会議って「日本のおっさん会議」なんじゃないかと。日本のおっさんたちは、上品な言葉であれ下品な言葉であれ、「女子供は黙っていろ」ということを常に言い続けています。これは日本のおっさんたちが持っている悪癖なんだと思います。

日本のメディアはしばしば、「なぜ日本会議のことを報道しないのか」と批判されます。それは、日本のメディア自身も「女子供は黙っていろ」という体質を持っているから、日本会議の問題性に気づけなかったというのが、大きな理由の一つだと思います。

もちろん僕の中にも日本のおっさんがいます。僕は、同世代の人たちと比べても、日本のおっさんを色濃く内蔵していると思います。そうした自分自身を批判的に見て、それを克服するというのが、僕が『日本会議の研究』を書いた一つの理由でもあります。

冒頭で、事実だけを見ていこうという話をしましたが、ちょっと急ぎ足で進んだために、ディテールの確認や事実の積み重ねに不十分なところがあったかと思います。その点はこのあとの質疑応答の中で補っていきたいと思います。ありがとうございました。

質疑応答

（質問1） 日本会議の本質が女性や子供の抑圧にあるとすれば、なぜ彼らは安倍政権を支えているのでしょうか。安倍政権は「女性の輝く社会」などを掲げ、女性の社会進出を後押ししているように見えます。

菅野 これはよくある質問なんですけども、確かに安倍政権は「女性の進出」とか「女性の活用」といったことを言っています。だけど、安倍政権の人事を見るとよくわかるんですが、その活躍の仕方であるとか注目のされ方をデザインしているのは全て男です。

日本会議の運動にも女性がたくさん活用されています。でも、日本会議が女性をたくさん活用しているからといって、女性を蔑視していないということにはなりません。これは、テキサスのレイシストが〝I have many black friends.〟と言っているのによく似ていると思います。

（質問2） 日本会議は海外から批判されているのでしょうか。韓国は日本会議に批判的だと思いますが、中国や台湾、アメリカはどうなのでしょうか。

菅野 韓国のメディアが日本会議のことを「日本最大の極右組織」というように報道して

いるのは、何度か見たことがあります。また、台湾のメディアが日本会議のことを「危険な運動体だ」というふうに報道しているのも、何度か見たことあります。アメリカのメディアについては、この間デイリー・ビーストに記事が出ていましたね。それから、デイビッド・マクニールがエコノミストに書いた記事などもあります。中国のメディアが報じているところは、僕は見たことがありません。

ただ、アメリカもそうですし、韓国や台湾の事例もそうなんですが、海外メディアの通弊は神道や神社本庁の力を過大に見積もりすぎているところです。確かに日本中に神社があるから、すごく大きな宗教に見えますけれども、先ほど山谷えり子さんの事例で示したように、神社本庁だけでは参議院議員一人を当選させることができないという厳粛たる事実があるんですね。

もちろん日本社会において神社というものの存在感は大きいですし、世論に対する影響力もあると思います。ただ、これは日本に長く住んでいらっしゃればご存知かと思いますが、例えば、アメリカの福音派のように指導者のような人間が前に出てきて説教すると、信者たちが「うぉー」となるといった光景は、神社神道では考えられないですね。

海外メディアがことさら神道に注目するのは、戦争の記憶があるからでしょう。それは仕方がないことだと思います。しかし、そればかりに注目すると、日本人の多くが思想的左右を問わず持っている、排外主義的で、女性蔑視的で、子供のことを馬鹿にする、人権を馬鹿にする傾向を見過ごしてしまう可能性があるなと思います。僕はこちらの方がずっと危険だと思っています。

（質問3）　安倍総理の思想は日本会議の思想とどれくらい近いのでしょうか。それから、安倍総理が日本会議を利用しているのか、それとも日本会議が安倍総理を利用しているのか、どちらですか。

菅野　日本会議は自民党の最大支持母体ではありません。しかし、安倍さん自身は日本会議の中枢のメンバーたちと昔から親密な関係にあります。ここで言う中枢のメンバーとは、日本青年協議会のことです。日青協には40年の歴史があります。『日本会議の研究』では第4章、5章、6章に出てきます。

これは安倍さんの特徴的なところなんですが、彼は国会議員に初当選した直後から、日青協の人たちと一緒に活動し始めました。それは、安倍さんが初当選した時、自民党が多数派ではなかったからというのが大きいと思います。当時政権を握っていたのは日本新党など非自民党連立政権で、彼らはリベラル政権だと考えられていました。そこで、野党議員だった安倍さんは、多数派のリベラルに対してファイティングポーズをとる必要があったのです。安倍さんが日青協と手を組んだのはそのためです。日青協の人たちはずっとリベラルを批判していましたから。

そのあと、安倍さんは再び自民党総裁に就任したわけですが、皮肉なことに、彼は再びファイティングポーズをとらなければならなくなりました。それはやはり自民党が多数派ではなかったからです。当時の多数派は民主党であり、彼らもまたリベラル政党と考えられていました。リベラルに対してファイティングポーズをとり続けてきたというのが、安倍さんの政治的キャリアの特徴だと思います。そして、そうした態度をとる上で、日本会議や日本青年協議会はとても役に立つ組織なのです。

そういう意味では、安倍さんが日本会議を利用しているという面もありますし、日本会議が安倍さんを利用しているという面もあります。

（質問４） 安倍政権は参議院選挙の結果を受けて憲法改正に動き出していると報じられていますが、日本会議はその動きにどのような影響を与えているのでしょうか。

菅野 現政権や自民党の決定が全て日本会議の影響を受けているわけではありません。しかし、憲法改正に限って言えば、日本会議は安倍政権に最も大きな影響を与えていると思います。日本会議が自民党憲法改憲草案を書いたという証拠はありませんが、注意深く読めば、日本会議と同じ思考に基づいて書かれていることがわかると思います。

（質問5） 日本会議は長期的な戦略に基づいて女性や子供の問題を取り上げているのですか。

菅野　まず最初に、これは日本の左翼系メディアと海外メディアの悪い癖だと思うんですが、日本には戦前から世の中を右傾化させようとする勢力があって、それが時の政権に色々な手段を用いて影響を与えているんだという見方は、いったん捨てなきゃいけないと思います。それが質問に答える前にクリアにしておきたいことです。右翼は長生きする傾向があるので、年寄りの大物右翼はいっぱいいらっしゃいますから、そう思っちゃうのはわかるんですけどね。

それで、日本会議が女性や子供の問題を取り上げているのは戦略的なのかというご質問ですが、田久保さんに代表される80年代以降の保守派や、あるいは2000年代以降の保守派に共通する考え方は、「日本は左翼によって牛耳られている」というものです。政府も行政もメディアもリベラルによって握られているというのが、彼らの基本的認識なんです。そのため、彼らは自分たちの運動を革命だと、保守派を解放するための運動だと考えているんですよ。

そういう意味では、彼らが女性や子供の話をするのは、女性が子供を産み、その子供が大人になった時に日本会議の主張を受け入れやすくするという戦略に基づいているのではなく、左翼やリベラルが女子供を支配しているから、彼らを解放しなければならないという認識を持っているからです。その点ではアメリカの福音派と似ていると思います。

要するに、彼らの中に陰謀論めいた世界観があるからそういう活動をやっているというだけで、戦略的な判断というよりも、リアクションと言うか、カウンタースピーチに近いものだと思います。

（質問6） もし憲法改正が日本会議の影響を受けているとすれば、狙いは憲法24条ということですか。

菅野 おっしゃる通りです。日本会議の一番の狙いは、憲法9条ではなく24条です。彼らは婚姻に家族という価値観を持ち込もうとしています。これも左翼メディアと海外メディアの悪い癖ですが、日本の保守が改正したがっているのは9条だという思い込みが強すぎるので、自民党が憲法を変えると言えば「すわ、9条だ」と考えてしまうんです。

（質問7） ここのところ世界各国で大きな変化が起きています。日本会議の台頭はそれらと関連があるのでしょうか。それから、日本会議の運動は今後、盛り上がるのか、あるいは下火になっていくのか、どちらだと思いますか。

菅野　トランプさんの選挙と日本会議の運動を比べると、日本会議の方がとても上品で知的です。僕は今朝2時間ほどCNNで共和党全国大会を見ていましたが、非常に気分が悪くなりました。

ただ、似ているなと思うのは、トランプさんも日本会議もアンチ・ポリティカルコレクトネスです。これは先進国に共通する問題だと思います。イギリスでEU離脱を進めた人たちも、アンチ・ポリティカルコレクトネスという雰囲気がありました。

もちろん、このような共通点が生じるのは、巨大な国際的組織が後ろで糸を引いているからではありません。ただ、先進国の若者や60歳以上の人たちは、ポリティカルコレクトネスに飽々しているように見えます。

次の質問ですが、日本会議の運動はどこへ行くかと言いますと、今お話ししたように、彼らの運動はアンチ・ポリティカルコレクトネスやアンチ・女性の権利、アンチ・子供の権利でしかないので、思想的にとても空虚なんですね。それと、日本会議の事務方である日本青年協議会の人たちは、すでに70代です。あと15年もすれば、体の問題や病気の問題で引退するでしょう。そうしたことを踏まえると、日本会議の動きはいずれ止まると思います。ただ、それよりも前に憲法改正を実現しようとするだろうなとは思っています。

（質問8） 日本会議が女性蔑視だということでしたが、先ほど日本会議系の参議院議員としてあがった有村治子さんと衛藤晟一さん、山谷えり子さんのうち、二人は女性です。あるいは、日本会議には櫻井よしこさんのような女性も関わっています。これについてはどのように考えればいいのですか。

菅野 それは先ほども述べたように、テキサスのレイシストが〝I have black friends.〟と言っているのと一緒です。

僕も被差別部落出身なのでよくわかるんですが、どこの国であれ、差別を受けている人間は多数派が規定する「あるべきマイノリティの姿」を体得しようとします。それは自己防衛本能の働きです。

例えば、アメリカの黒人は公民権運動前には大変な差別を受けていましたが、彼らはそうした中で白人の決めた「あるべき黒人の姿」を体得しようとしていました。これは日本で依然として差別を受けている韓国系、朝鮮系の人たちにも言えることです。彼らは自己防衛のために「あるべき日本人の姿」に過剰適用しようとしています。それはマイノリティの心の機序としてやむを得ないことだと思います。

なので、櫻井よしこや有村治子、山谷えり子の存在をもって、日本会議が女性蔑視とは言えないというのは無理な主張だと思いますね。黒人はこれまで人種差別の被害者だったんだから、黒人にはレイシストはいないんだとは言い切れませんよね。それと同じです。

（質問9）　なぜ日本会議のようやり方は学校現場で受け入れられているのですか。それから、若者から反対の声が上がらないのはなぜでしょうか。

菅野　若い人たちは一般的に政治に無関心ですし、彼らは日本会議について何も知りません。それは一つには、日本のメディアがきちんと日本会議について報じないからです。先ほども言ったように、日本のメディア自身が女性や子供の権利が重要だと思っていないので、彼らは日本会議の問題点に気づくことができないんです。だから、若い人たちには日本会議が何をしているかを知る機会がないんです。これが大きな理由です。

もう一つ言うと、日本会議は何か運動をする時に、日本会議という名前を用いません。彼らは憲法改正運動には「美しい日本の憲法をつくる国民の会」という団体を使いますし、夫婦別姓に反対する時には「日本女性の会」という団体を使います。子供の権利に反対する時には「家庭教育を考える会」という団体を使います。日本会議はたくさん団体を持っているんです。

だから、日本会議の運動を取材する時には注意が必要です。女性の権利に反対している団体と憲法改正に反対している団体が同一のものだと見抜くのは、非常に難しいことだと思います。

（質問10） 日本の言論界では、基本的にはメディア出身ではない菅野さんが日本会議という大テーマに取り組み、そしてご著書の売れ行きもなかなかであるということで、驚きの声が上がっています。菅野さんはもともとサラリーマンをされていたという話ですが、なぜこういう本を書くことができたのでしょうか。前のお仕事から何か影響を受けたのでしょうか。

それからもう一つ、なぜ日本会議は田久保さんを会長に選んだのでしょうか。田久保さんに国際感覚や世論へのアピール力があるとは思えません。

菅野　二点目の質問からお答えします。日本には良いことわざがあります。「神輿は軽ければ軽いほどいい」。

もう少し詳しくお話ししますと、日本青年協議会はもともと生長の家の流れをくんでいます。そのため、本来であれば、椛島有三さんのような方が会長職をやってもおかしくないはずです。椛島さんは人望はないけれども有能な人材ですから。

ただ、生長の家の関係者たちが表に出てくると、他の宗教団体が反対するのだと思います。日青協には安東巖という宗教的カリスマがいるのですが、おそらく彼が出てきても他の宗教団体をまとめることはできないのでしょう。であれば、軽い神輿を担いでおこうというのが実態なんじゃないかなと思います。

それから一点目の質問ですが、その質問に答える前に、僕は自分のことをジャーナリストとは考えていません。書き手や売文屋ではあるかもしれませんが、ジャーナリストほど賢くはないので、ジャーナリストと呼ばないでください。

僕は以前はコールセンター運営会社でサラリーマンをしていました。営業企画的なこと、マネージメントを担当していました。この経験については僕の本の冒頭で書いています。サラリーマン時代に身につけたのは、ライティングスキルではなくて、調査スキルや分析スキルです。そうしたスキルを著述の際に使ったかと言えば、全然使っていません。ただ、前の職場では、物事を語る前には情報を収集し、虚心坦懐に本を読み込み、そして分析するという姿勢が必要なんだということを、偉大な上司たちから徹底的に叩き込まれました。それは日本の会社でサラリーマンをしてよかったなと思う最大のポイントです。

（質問11） 日本会議は「子どもの権利条約」についてはどのように対応したのですか。それから、菅野さんがおっしゃる、日本の中にある女性や子供の権利を抑圧する思想は何に由来しているのですか。日本固有のものなのか、あるいは明治維新の影響なのでしょうか。

菅野　二点目の質問からお答えします。「女子供は黙っていろ」というメンタリティは、江戸時代からあったわけではなくて、明治以降にできたものだと思います。それは、一人の偉大なる思想家がそれを普及させたということではなく、近代化の過程で日本にねじ込まれてしまったものだと思います。

一つ目の質問ですが、日本会議は子どもの権利条約の批准に反対しました。その試みは半分成功して半分失敗しました。彼らはこの時に実現できなかったものを、後年の教育基本法改正で実現させています。２００６年に改正された教育基本法では、日本会議の主張通り、いわゆる愛国教育条項というものが入れられました。

ただし、彼らがこうした改正を進めたのは、子供たちに愛国主義者になってほしいと考えていたから、というように理解すべきではありません。彼らは学校現場というのは日教組、つまり左翼の先生によって牛耳られていると思っています。だから、彼らは教育基本法を改正すれば、左翼の先生を学校から追い出せると考えたんです。

（質問12）　日本会議が長期的な戦略を持たず、単なるリアクションをしているにすぎない空虚な運動体だとすれば、彼らは将来的にどうなるのですか。それから岸信介と日本会議の関係について教えてください。

菅野　彼らは今後のことについては何も考えていないと思います。産経新聞や『正論』、『WiLL』、『Hanada』を読んでみてください。彼らは単に左翼を批判し、リベラルに罵詈雑言を浴びせているだけです。本当にそれだけなんです。それは日本会議も同じです。

これは大変不幸なことですが、日本会議だけでなく多くの人たちが、左翼を批判することは知的なことだと思っています。ネトウヨを見てください。彼らは非常に頭が悪いです。だけど、彼らは左翼を批判している時、自分たちが頭が良いと思い込んでいます。

そういう意味では、日本会議は憲法だけでなく日本の知識人たちも潰そうとしているんです。ここで言う知識人とは、頭が良い人たちということではなく、筋道立てて物事を考えることができる人たちのことです。教育水準が高いということではなく、物事に対してしっかりとした態度をとることができる人たちのことです。日本会議の運動にこうした側面があることも見逃してはなりません。

それから、岸信介と日本会議の関係についてですが、日本会議の事務を取り仕切っている日本青年協議会の人たちは生長の家の流れをくんでいます。１９５０年代、生長の家は岸信介の支持母体の一つでした。ここに岸信介と安倍晋三の共通性を見ることができます。

もちろん生長の家が唯一の共通点というわけではありませんが、重要な共通点の一つだと思います。

（質問13） 日本会議の運動目標の中には皇室崇敬がありますが、田久保さんは前回ここにいらっしゃった時に、「天皇の発言は全て正しい」といったことをおっしゃっていました。ただ、その言い方からは、昭和天皇は良かったけど、今の明仁天皇には違和感を持っているんじゃないかなという印象を受けました。

私には明仁天皇はリベラルを体現しているように映るんですが、日本会議は現在の皇室をどのように崇敬しているのか。あるいは現在の皇室には違和感を持っていて、もっと別のものを実現しようとしているのか。その点についてお考えをお聞かせください。

菅野 日本会議は皇室崇敬を唱えていますが、彼らの皇室典範に関する議論を見ていると、皇室典範を利用して自分たちが理想とする伝統的家族像を広めようとしているようにしか見えません。彼らが女系議論にすごくこだわっているのもそのためです。

それから、ご指摘のように田久保さんは「天皇は全て正しい」とおっしゃったわけですが、本来の右翼であれば、天皇陛下が黒いものを白と言えば白と言うんですよ。ただ、日本会議にはそういう態度はないと思います。そういう意味では彼らはとんでもない不忠者です。

おわりに

長い間サラリーマンとして生活してきたせいか、仕事と言えば仲間がいるものという前提が頭から抜けない。2014年に退職し、筆でたつきを立てるようになって2年。この間、会社を恋しく思う気持ちがなかったと言えば嘘になる。

しかしそれは安定した収入であったり、ある程度は保証された身分に対してであったり、それなりに限定された拘束時間に対してではなかった。そうではなく、何よりも「無条件で、何の断りものなしに、自分の仕事について語り合える人」の存在こそを恋しく思っていたのだろう。

思えば物書きの仕事はみすぼらしい。仲間など誰もいない。いつも一人だ。とりわけ私のような実証系の記事を書く者は、小説家や詩人のように、着想をそのまま文字にすることができない。資料を読み込み、その資料の裏をとるためにインタビューを重ね、そのインタビューで知ったことを裏付ける資料をさらに探す……という行為を、延々一人でやり続けるしかない。

仕事なのだから当然と言えば当然なのだが、やはりこうした営為を一人で続けていると、絶海に放り出されたかのような孤独感と絶望感に襲われることがある。これが会社勤めとの本質的な違いだろう。会社であれば、たとい違う案件を担当するもの同士であったとしても、互いの労苦と成果を確認し合うこともできる。だが、私どものような者にはそういう仲間がいない。これはなかなかに辛いことではある。

この度、思いがけないことに『月刊日本』編集部からお声がけいただき、こうして対談集を出すこととなった。企画について打診を受けた時、「私のような駆け出しの者が、対談などおこがましい」と素直に思った。まだキャリアは浅い。大家と並んで対談するような立場にはない。このタイミングで対談集など出すのは、ある種の増上漫《ぞうじょうまん》に類するものではないかとさえ考えたのだ。

しかし同時に、2年以上にわたって続けてきた一人ぼっちの作業を振り返る良い機会だとも思った。無論、今回私との対談に応じてくださった四人の方々は、「仲間」とお呼びできるような方々ではない。皆、私からすれば仰ぎ見るような人たちばかりだ。ただ、この方々なら、私が自分の仕事の過程で抱いた疑問や見解を、投げかけ、問いかけても、真摯な返答をくださるに違いない――。そういう思いで、この分不相応な対談に臨んだ。

白井聡先生との対談は、「日本会議的なもの」を「戦後」という枠組みの中でどう捉えるべきであるかの再確認となった。先生の話題は、あるいは「黒子のバスケ事件」などの社会事象に、あるいは安倍政権そのものの評価などの政局的な話にと、広範にわたった。しかし話柄《わへい》が広範にわたったがために、結果的に、多角的な視点で日本会議を捉えることができたように思う。

　村上さんとの対談では、それまで想像だにしなかった新事実を多数聞き出すことができた。これまで様々な解釈がなされてきた「生長の家政治運動の終焉」について、村上さんは当時その最前線にいた者でしか知り得ない新証言を提供してくださった。また、ご自身のキャリアの「汚点」とも言うべき事柄もあえてお話しくださった。今回、村上さんが忌憚なく語ってくださったお話は、どれも極めて資料価値の高いものだ。

　横山孝平氏からうかがった「現在の民族派が日本会議をどう見るか」という興味深い線での話も忘れがたい。現場で格闘する民族派から見て、いかに日本会議が異様な存在であるか、そして「日本会議的なもの」が、これまでの右翼・民族派の運動といかに距離のあるものか、横山氏の話から自ずと浮き彫りになったと思う。

　魚住昭さんからは、誠にありがたいことに、対談の席上で極めて貴重なアドバイスをいただいた。執筆家の大先輩として仰ぎ見る存在であり、目標とも仰ぐ魚住さんから直接にご指導いただいたことは、何事にも代えがたい体験だった。また、「運動の継承」という側面で、日本会議と従来の左翼運動を対比させ、さらには沖縄の反基地運動の展望まで語り尽くすあの視野の広さは、長年、日本の社会をジャーナリスティックな視線で分析してこられた魚住さんならではのものだろう。

　四人の方々との対談を振り返ってみると、まことに大きな福を得た思いがする。私のような者にとって、望外の栄誉だ。対談に応じてくださった四人の方々には、幾重にも感謝しても感謝したらない。

　四人の方々との対談は、今こうして、一冊の本になる。本に綴《と》じてみれば、それぞれの対話の焦点の違いや、会話が必然的に生み出してしまう抽象性などのせいで、いささか読みにくいものになっていることに気づいた。だが、四人の方々の真摯な証言と見識は、そのまま読者に伝わったのではないか。読みこなすことに読者の労力をおかけすることはもとより本意ではないが、対談集という性格上、何卒、ご寛恕いただきたい。

　最後になったが、スケジュール調整や対談場所の確保、さらには文字起こしまでを担当してくださった『月刊日本』担当編集者の中村友哉氏、折に触れ適切なアドバイスをくださった編集総務の牧田龍氏、そして今回も私の取材活動や執筆活動を温かく見守ってくださった南丘喜八郎社長に、この場を借りてお礼申し上げたい。

２０１６年11月

菅野　完

初出一覧

第一章　永続敗戦の中の日本会議……『月刊日本』（２０１６年8、9月号）に発表した原稿を再構成
第二章　日本会議の源流を訪ねて……『月刊日本』（２０１６年9月号）に発表した原稿を再構成
第三章　民族派から見た日本会議……『月刊日本』（２０１６年10月号）に発表した原稿を再構成
第四章　運動としての日本会議……『月刊日本』（２０１６年10月号）に発表した原稿を再構成
補論　「日本会議陰謀論」に惑わされないために
……日本外国特派員協会で行った記者会見（２０１６年7月20日）を再構成

菅野完（すがの・たもつ）

1974 年生まれ。文筆家。

白井聡（しらい・さとし）

1977 年生まれ。京都精華大学専任講師。

村上正邦（むらかみ・まさくに）

1932 生まれ。元参議院自民党議員会長。

横山孝平（よこやま・こうへい）

1964 年生まれ。民族派・國の子評論社社主。

魚住昭（うおずみ・あきら）

1951 年生まれ。ジャーナリスト。

（掲載順）

日本会議をめぐる四つの対話

2017 年 1 月 21 日　第 2 刷発行

著　者　菅野完

発行者　南丘喜八郎

発行所　K＆Kプレス

〒１０２―００９３
東京都千代田区平河町２－１３－１
相原ビル５階
ＴＥＬ　０３（５２１１）００９６
ＦＡＸ　０３（５２１１）００９７

印刷・製本　中央精版印刷

乱丁・落丁はお取り換えします。

©Tamotsu Sugano
2016 Printed in Japan

ISBN978-4-906674-68-8

民族として、文化共同体として、倫理を伴った日本人であるために。
『月刊日本』は、以下の三点を編集方針として掲げています。
●わが国の縦軸としての歴史認識の再構築を
●日本国憲法の根本的な見直しを
●構造的なマスコミ商業主義への批判を

日本の自立と再生をめざす、闘う言論誌

月刊日本

『月刊日本』は全国の大型書店で販売しておりますが、編集方針にご賛同いただいた皆様には、定期購読をおすすめしております。当社に、電話かファックス、またはメールでお申込みいただければ、最新号と郵便振替用紙をお送りいたします。

◎**定価／六五〇円**（税込）
◎**定期購読／一年間・八〇〇〇円**（税・送料込）

月刊日本　検索

株式会社K&Kプレス
〒102-0093 東京都千代田区平河町2-13-1　相原ビル5F
TEL.03-5211-0096 FAX.03-5211-0097